Heinrich Spaemann

Das Prinzip Liebe

Heinrich Spaemann

DAS PRINZIP LIEBE

Herder

Freiburg · Basel · Wien

Für Jakob Frey,
den Freund und Gefährten auf dem Weg
zur Einheit im Glauben an den,
der die Liebe ist

Alle Rechte vorbehalten – Printed in Germany
© Verlag Herder Freiburg im Breisgau 1986
Herstellung: Freiburger Graphische Betriebe
ISBN 3-451-20830-X

Vorbemerkung

Die Gedankengänge dieses Buches kreisen um das johanneische Wort „Gott ist Liebe" (1 Joh 4, 8.16). Die biblische Offenbarung schenkt uns mit ihm einen Schlüssel für das Erfahren und Erkennen der göttlichen Weisheit und ihrer Wege. Die Wirklichkeit Liebe erweist sich dem Glauben als das „Prinzip" der Schöpfung. Gemeint ist hier mit der Vokabel „Prinzip" das Uranfängliche, allem Vorauf- und Zugrundeliegende und das Endgültige, wie beim „In principio erat verbum" des Johannesprologs. Liebe ist das verborgene Wasserzeichen der Schöpfung, durchscheinend für den, der die Welt im Licht der Wahrheit sieht, die Christus ist.

INHALT

Vorbemerkung 5

I. Urgrund Liebe 9

Dreieinige Liebe 10
Die Liebe, die Erde und der Mensch 11
Geheimnis der Passion 14
Die Grauzone 15
Die Genesis der Lieblosigkeit 18
Der achte Teufel 21
Die inkarnierte Liebe in unserer Welt 22
Weltenwende im Vollzug 24
Exkurs: Das dreifache Golgota 26

II. Die Liebe stirbt alle Tode mit 29

Die Liebe stirbt alle unsere Tode mit 30
Der linke Schächer 32
Hinabgestiegen in die Tiefen des Todes 33
Tod als Frage an uns 35
Radikale Ehrfurcht vor dem Leben 36
Das Gesicht eines Kindes 39

Kreuzerhöhung 41

III. Die Liebe lernen 45

Liebe entgrenzt 46
Stufen der Entgrenzung 57
   Mutterschoß 61

Inhalt

```
    Geburt . . . . . . . . . . . . . . . . . . . . . .          63
    Nur einer allein geht durch die Tür . . . . . . . . .        65
    Bald . . . . . . . . . . . . . . . . . . . . . . .           69
    Erdendasein . . . . . . . . . . . . . . . . . . .            70
    Einübung in menschliches Grundverhalten . . . . . .          71
    Krisen . . . . . . . . . . . . . . . . . . . . . .           72
    Der reife Mensch . . . . . . . . . . . . . . . . .           73
  Exkurs: Wirklichkeit und Schatten . . . . . . . . . . . .      74
```

IV. Die Liebe und die evangelischen Räte 81

```
  Armut . . . . . . . . . . . . . . . . . . . . . . . . . . .   83
    Jesus ist arm . . . . . . . . . . . . . . . . . . .          83
    Jesus ist gewaltlos . . . . . . . . . . . . . . . .          85
  Jungfräulichkeit . . . . . . . . . . . . . . . . . . . . .    86
    Erste Liebe: Das Geheimnis der Jungfräulichkeit . . . .      86
    Das gesunde Auge . . . . . . . . . . . . . . . . .           88
    Mensch, worum geht's dir? . . . . . . . . . . . . .          88
  Gehorsam . . . . . . . . . . . . . . . . . . . . . . . . .    90
    Wem gehorcht Jesus? . . . . . . . . . . . . . . . .          90
    Gehorsam in Bindung an die Gemeinschaft . . . . . .          91
    Das Wächteramt . . . . . . . . . . . . . . . . . .           93
  Verse einer ersten Liebe . . . . . . . . . . . . . . . . .    93
```

V. In der Liebe – fern der Liebe.
   Eine Menschheitsparabel (Lukas 15, 11–31) 95

I

URGRUND LIEBE

Man fragte den Liebenden, woher er wäre.
Er antwortete: Von der Liebe.
Wem gehörst du? – Der Liebe.
Wer hat dich erzeugt? – Liebe.
Wo wurdest du geboren? – In Liebe.
Wer hat dich ernährt? – Liebe.
Von was lebst du? – Von Liebe.
Was ist dein Name? – Liebe.
Woher kommst du? – Von der Liebe.
Wohin gehst du? – Zu der Liebe.
Wo bist du? – In der Liebe.
Hast du etwas anderes als Liebe?
Ja, Schuld und Unrecht gegen meinen Geliebten.
Gibt es Verzeihung in deinem Geliebten?
Der Liebende antwortete, daß in seinem Geliebten
Gerechtigkeit und Barmherzigkeit wohnten
und daß daher seine Herberge
zwischen Furcht und Hoffnung liege.

RAIMUNDUS LULLUS (1233–1316)

I. Urgrund Liebe

Dreieinige Liebe

Liebe gibt es nicht für sich, sondern nur zu einem Du hin. Das Du Gottes nennt der Johannesprolog das „Wort"; in ihm spricht Gott sich aus, er zeugt es, den „Sohn". Dieses Du schenkt sich wieder seinem Ursprung. In der Liebe, die Vater und Sohn einander schenken, die ihr Leben, ihr Odem, ihr Wesen ist, sind sie dreieinig eins, *ein* Wesen.

Daß Gott Liebe ist, führt uns auch zum Geheimnis unserer Erschaffung. Ihr Grund und ihr Ziel kann nur Liebe sein. Zuerst ist die Schöpfung ein Geheimnis in Gott, in der Urliebe: Der Vater schenkt sie dem Sohn, der Sohn schenkt sie dem Vater.

Unsere Ebenbildlichkeit mit Gott erlaubt uns den Gedanken an folgende Analogie: Liebende schenken einander nicht nur sich, sondern, wenn sie die Möglichkeit haben, auch andere geschöpfliche Zeichen ihrer Liebe, gefundene, erfundene und gestaltete, Zeichen also, die den anderen umso mehr beglücken, wenn er daraus seinerseits auch wieder Zeichen seiner Liebe zum anderen machen kann.

Der Vater schenkt dem Sohn eine Schöpfung, daß er, das Wort, sich darin schöpferisch „ausworte", unzähligen Geschöpfen Gestalt gebe; der Geist, die Liebeseinheit von Vater und Sohn, ihr Wesen, bewirkt die symphonische Zuordnung und Ergänzung aller Kreaturen zu einem Universum. Das Wort ver-antwortet die Schöpfung in ihren unzähligen Gestaltungen und Gestalten als eine ihm von der Liebe des Vaters geschenkte; er verantwortet sie so, daß sie am Ende, zu ihrer Vollendung gebracht, eine ewige Lobpreisgabe an den Vater wird, „damit Gott alles in allem sei" (1 Kor 15,28).

Wir sind erschaffen aus Liebe. Weil sie das Uranfängliche, das allem anderen Vorauf- und Zugrundeliegende ist, darum muß sie auch die Sinnspur in allem Geschaffenen sein, das „Prinzip". Aus Liebe läßt Gott, was immer er an Leben erschafft, mitwirken an der Entstehung, Mehrung und Ernährung von Leben; die Urliebe will, daß in ihrer Schöpfung alles neue Leben sich wieder, spurenhaft wenigstens, einer Ekstase von Liebe verdankt, in kreatürlicher Bildhaftigkeit auf ihren Urgrund verweist.

Das gilt im eminenten Sinne für das Wesen Mensch.

Die Liebe, die Erde und der Mensch

Unter den Myriaden von Sternen, von denen viele millionenfach größer sind als der, den wir bewohnen, ersieht sich Gott diesen Stern Erde, einen der kleinsten unter ihnen, um ihm eine Sonne so leuchten zu lassen, daß kreatürliches Leben auf ihm entstehen, keimen, wachsen, blühen, fruchten und sich mehren kann: Pflanzen, Bäume, Tiere und dann nach kaum meßbaren Zeiträumen der Mensch, von allen denkbaren Lebewesen jenes, das Gott zu seinem Ebenbild bestimmt; ihm haucht er seinen eigenen Lebensodem ein.

Der Liebe sich verdankend, hat er in der Liebe seine Lebendigkeit. Der Urliebe ähnlich, erfährt er sich als Geschöpf in seiner ganzen Leibhaftigkeit mit Herz und Geist geliebt und kann wiederlieben, kann lieben, wollen und denken, kann Gottes Weisheit und den Abglanz seiner Schönheit in der Schöpfung wahrnehmen, sich gedrängt und ermächtigt finden, sie weiter auszugestalten und, von Staunen und Entzücken bewegt, für sie und sein eigenes Dasein Gott danken und loben.

Dann aber ersah sich Gott aus der wachsenden Zahl von Menschen, die sich alle der Urliebe und zugleich der gegenseitigen Liebe verdanken, ein Geschöpf, aus dem er selbst in der Macht seines Liebesgeistes Mensch werden wollte, den Menschen Maria. Sie war dazu erschaffen, Gott einen Leib zu bilden, bis in die letzten Fasern ihres Kreaturseins die Voraussetzungen zu bieten, daß das ewige Wort sich in sie einverleiben konnte: im Glauben an den göttlichen Ratschluß, der ihr kund wurde, ist sie – was für den Menschen als gottebenbildliches Wesen schlechthin gilt – geschöpfliche Offenheit für die Unendlichkeit Gottes. Daß sie dazu ersehen war, schließt sich verborgen ein in ihr Lobpreiswort: „Er hat herabgesehen auf seine niedrige Magd" (Lk 1, 48).

Sie gebar den Menschen Jesus. Er, dem Wesen nach Gottes Wort, Gottes Sohn, Gott von Gott, Licht vom Licht, wird „in allem uns gleich, ausgenommen die Sünde" (Hebr 4, 15). Er ist einer aus uns, einer mit uns. Sein Fuß geht über diese Erde, sein Auge nimmt am Nachthimmel die Welten über sich wahr.

Es war Gott nicht zuviel, die Myriaden von Sternen wie einen Baldachin über seinem Haupt auszuspannen und ihm den Teppich der Wiesen, Matten und Gräser, den Meeresstrand und die Felsen unter die Füße zu breiten. „Alles ist auf ihn hin geschaffen..." (Kol 1, 16). Um seinetwillen ist das Weltall da. Was aber zugleich heißt: es ist da für die ganze Familie Mensch, die ja die seine ist. Ohne sie wäre auch er nicht Mensch, in ihrem Wir-mit-ihm soll sie durch ihn die geschöpfliche Ausdehnung und Verdeutlichung des Urgrunds Liebe in Gottes Welt hinein sein.

Die Gelehrten werden bis zum Ende der Zeiten wohl nicht müde werden, den Bauplan der Schöpfung zu erforschen. Inzwischen sind sie bis zum Atomkern vorgedrungen, sie entdecken immer neue Zusammenhänge im Makrokosmos wie im Mikrokosmos. Und doch hat das Weltganze seinen schlichten Grund und Sinn in der Existenz eines Wesens namens Jesus, mitsamt denen, die er seine Brüder und Schwestern nennt. Durch ihn will Gott den Menschen und die zu ihm gehörende Erde in sein dreifaltiges Leben, in seine eigene Lebendigkeit Liebe einbeziehen – die Erde und mit ihr die ganze Schöpfung, die um der Erde willen da ist. Sie ist der allen Gestirnen Sinn verleihende Stern, weil das Wort auf ihm und durch ihn Mensch wurde. Die Liebe hat es gefügt, daß sich für das unbefangene Kind und für unser aller Auge und Erleben die Sonne um die Erde bewegt: für die Erde, für den Menschen geht sie auf und unter; freilich, in einer anderen, nicht weniger wesentlichen Bedeutung, die der reifere Mensch erkennt, bewegt sich die Erde auch um die Sonne – die Erde Mensch um die Sonne Christus, wie der Planet um sein Urgestirn. Zuerst also erfährt der Mensch, daß die Sonne für ihn da ist, dann begreift er staunend und dankend, daß er in jedem Augenblick durch sie da ist. Zuerst erfährt sich der Mensch geliebt, dann lebt er liebend auf die Liebe hin (1 Joh 4, 10).

Daß Jesus Mensch wurde, begründet die spezifische Seligkeit des Menschen, der in Leibhaftigkeit Mensch ist und der im Hinblick auf Gott nur selig werden kann, wenn er ihn mit allen Sinnen, leibhaftig, wahrnimmt.

Daß Jesus ein Gekreuzigter wurde, begründet wiederum die einzigartige Seligkeitstiefe des Menschen, der in schuldhafter Abwendung von der Liebe Sünder wurde und im Gekreuzigten die Liebe Gottes so erfährt, wie sie kein anderes Geschöpf erfahren kann. Im Sünder Mensch ruft der Abgrund der Liebesbedürftigkeit den Abgrund der Liebe an und erfährt ihn in Vergebung und Umkehr.

I. Urgrund Liebe

Geheimnis der Passion

In der Verantwortung, die das ‚Wort' für die Schöpfung und ihr Ziel trägt, ist das Geheimnis seiner Passion mitbegründet. Warum mußte sie sein? Warum mußte „der Messias leiden, um in seine Herrlichkeit einzugehen" (Lk 24, 26)? „Seine" Herrlichkeit, das ist die, die wir als durch ihn in Gott hinein Gerettete und mit ihm in Gott hinein Verklärte empfangen. „In ihnen bin ich verherrlicht" (Joh 17, 10).

Der Mensch, durch das Wort zum Ebenbild Gottes geschaffen, das als solches in Freiheit wollen, denken, planen und gestalten kann, erfährt und erkennt sich als von Gott geliebt und vermag mit all seinen Kräften und Fähigkeiten wiederzulieben, den Schöpfer und die Mitgeschöpfe. Diese Liebe ist aber kein Instinkt und kein Plansoll. Aus der Freiheit des Erwähltseins von Gott hervorgehend, darf und soll auch der Mensch wählen, soll er Gott wählen, soll er die Liebe wählen. In dieser Freiheit kulminiert seine Gottebenbildlichkeit und Würde.

Seine Freiheit ist jedoch die eines Geschöpfes; sie ist ihm, wie sein ganzes Dasein und Menschsein, geschenkt. Als ein (wie seine Vorstufen Pflanze und Tier) noch wachsendes und werdendes, seine Kreatürlichkeit also ständig erfahrendes Geschöpf soll er sich sowohl in Gehorsam und Dank von Gott entgegennehmen als auch sich in seinem Selbstand zu immer freierer Freiheit entfalten und vollenden, bis zu seinem Ziel hin, der ewigen Einigung mit der Urliebe.

Er lebt also seine ihm eigene Wahrheit, wenn sein Verhalten sowohl seinem Verdanktsein wie seiner Freiheit entspricht, je nach den Stufen seines Lebens. Versagt er darin, so verleugnet er seinen Schöpfer oder aber auch die ihm eigene Herrlichkeit und Würde.

In der Möglichkeit solcher Versagung liegt für ihn das Moment der Alternative, wie sie seiner Freiheit zukommt: Er kann absehen von seinem Geschaffensein und seinem Schöpfer und seinen Selbstand verabsolutieren. Mit anderen Worten, er kann seine Freiheit dahin pervertieren, daß er es unternimmt, ohne Gott leben, denken, planen und schaffen zu wollen – um in der weiteren Konsequenz auch seine Angewiesenheit auf die Natur und den Mitmenschen weitgehend auszuschalten.

Er kann sich umgekehrt aber auch auf sein Kreatursein festlegen, auf seine Existenz von Vorgegebenheiten und Bedingtheiten her. Er kann borniert verzichten auf den Ausgriff einer Freiheit, die es ihm möglich machen würde, sein jeweiliges Bisher in allen Werdephasen zu entgrenzen auf sein letztes Ziel, sein göttliches Du hin. Er verfestigt dann mehr und mehr seine kreatürlichen Grenzen, verabsolutiert schließlich selbstgenügsam seine Gebundenheiten an Nester, etwa an Sippe, Volk, Staat, Beruf, Betrieb und legt sich so gleichsam fest auf eine zur Eigenmacht gegenpolige Ohnmacht.

Die Grauzone

Beide (Sünden-)Fälle tendieren zur Koinzidenz. In ihrem Zusammenfall bilden sie durch eine Art gegenseitiges Zugeständnis eine Grauzone, ein „Milieu". In ihm bringt der Mensch auch eine Religion unter, wie sie seinem natürlichen Verlangen nach Transzendenz, aber auch seinem kreatürlichen Festgelegt-sein-Wollen auf Bedingtheiten, auf Verhaltensmuster und Vorschriften entspricht.

Abfindung Gottes durch Kult, durch Riten und Gebete, Abfindung des Mitmenschen durch Abgaben und Almosen ermöglichen ihm dann eine Existenzweise, die ihm keine Überschreitung seiner kreatürlichen Horizonte zumutet und die ihm die Vorliebe für sich selbst vor der wirklichen Liebe so verbirgt, daß er seine ichhaften Grenzen damit zugleich religiös untermauert und auf jede Zumutung von Entgrenzung allergisch reagiert.

Das „Milieu", die Grauzone, erläßt dem Menschen aufs wirksamste den Radikalismus der Liebe. Tatsächlich ist diese nicht anders als von der „radix", der Wurzel, der Urliebe her wirklich Liebe. Liebe ist radikal „erste Liebe", oder sie existiert in Wahrheit nicht. Die Einbildung, ihr durch bestimmte Verhaltenspraktiken und Regelableistungen zu genügen und auf solche Weise auch ihr letztes Ziel, Gott und sein Reich zu erreichen, kann heilsgefährlicher sein als jeder andere Widerspruch zur Liebe. Die Geheime Offenbarung läßt der Gemeinde von Laodizea durch ihren Engel sagen, sie sei in ihrer Lauheit etwas wie ein Auswurf, den der Menschensohn aus seinem Munde auszuspucken im Begriff sei; es sei besser, kalt zu sein, gottlos, lieblos, als nicht heiß, nicht glühend vom Feuer Gottes (Offb 3, 14 ff.). Beim Lauen kommt zur Abwesenheit dieses Feuers die Täuschung hinzu, man besitze es durch bestimmte Praktiken doch. Die Ferne des Menschen vom lebendigen Gott wird hier wirksamer stabilisiert als im atheistischen Bereich.

Der Pfarrer von Ars hielt seine erste Predigt über das Thema „die Lauheit, ein Zustand der Verdammnis". Und Alfred Delp schrieb in seinem Tagebuch: „Rebellen kann man noch zu Menschen machen, den Spießer und das Genießerchen nicht mehr."

Aus dem „Milieu" heraus entstanden die Weltkriege dieses Jahrhunderts, wurden Auschwitz und die Atombombe möglich, Atheisten haben sie nicht erfunden. – Mit dem Komfort und der Macht der Menschen wächst ihre Angst vor dem Nestverlust und das Sicherheitsbedürfnis und damit die Bereitschaft, die zu beseitigen, die ihr Bisher in Frage stellen.

Aus dem „Milieu" heraus geschah der Versuch der Heimatstadt Jesu, ihn zu töten, nachdem er sie dreißig Jahre hindurch mit seiner Unschuld, Lauterkeit, Wahrheit, Reinheit, Gerechtigkeit, seiner inneren Hoheit wohl mehr und mehr vor eine Art Alternative gestellt hatte: sich selber zu ändern oder ihn sich aus den Augen zu schaffen. Licht wird auf die Dauer unerträglich für die, die sich in der Grauzone wohlfühlen und diese lieber haben (vgl. Joh 3, 19). Es war gewiß der Ausdruck einer durch Jahrzehnte hin gestauten Verunsicherung und Aggression, daß ausgerechnet Nazaret (als erste und einzige Stadt vor Jerusalem) Jesus zu beseitigen suchte, als er nach seiner Taufe im Jordan am Sabbat in der Synagoge einen prophetischen Jesajatext auf sich selbst bezog. – Drei Jahre später wird Jerusalem ihn ans Kreuz schlagen; man macht Gründe politischer Sicherheit dafür geltend, die Römer könnten das Land wegnehmen, „denn das ganze Volk läuft ihm nach". – Das ganze Volk? Außer der kleinen Schar der auf den „Trost Israels" harrenden Frommen waren es vornehmlich die Armen Israels, die Nicht-Nestgebundenen, die vom „Milieu" Abgeschriebenen, die an einem stabilisierten Bisher nicht Interessierten, die zu Jesus hin drängten.

Wenige Zeit nach der Kreuzigung Jesu wird Jerusalem zerstört. Je bedrohlicher und tödlicher die Anstrengungen der Menschen werden, ihr Milieu zu sichern, um so gewisser kehren diese Versuche sich schließlich gegen sie selbst. –

I. Urgrund Liebe

„Wenn du es doch erkenntest, was dir zum Frieden dient, nun aber ist es vor deinen Augen verborgen ... Sie werden dich und deine Kinder in dir zerschmettern und keinen Stein in dir auf dem anderen lassen, weil du die Zeit deiner Heimsuchung nicht erkannt hast", so ruft Jesus über Jerusalem aus (Lk 19, 42.44). Dann weitet sich diese Klage zur Voraussage der letzten Dinge: „Es wird eine große Drangsal sein, wie sie nicht gewesen ist seit Anbeginn der Welt und nicht mehr sein wird, und würden jene Tage nicht abgekürzt, so würde kein Mensch gerettet" (Mt 24, 21 f.). Im 1. Thessalonicherbrief sagt Paulus, daß diese Drangsal kommen werde, wenn die Anstrengungen der Mächtigen, den Frieden mit ihren Mitteln zu sichern, einen Höhepunkt erreicht haben: „Und wenn sie sagen: Friede und Sicherheit!, dann plötzlich kommt das Verderben über sie ... und es gibt kein Entrinnen" (5, 3).

Auch das sagt Jesu in seinen Endzeitprognosen voraus, daß der Aufwand der Weltmächte, sich gegeneinander mit immer ungeheuerlicheren Waffen abzusichern, zu Lasten einer immer größeren Zahl von Armen, Elenden und Ohnmächtigen geht: „Die Ungerechtigkeit wird überhandnehmen und die Liebe von vielen erkalten" (Mt 24, 12).

Die Genesis der Lieblosigkeit

Die Bibel interpretiert den Zustand einer so ihrer Schöpferabsicht widersprechenden Welt von einer versucherischen Hintergrundmacht her; das Johannesevangelium hat für diese später die Bezeichnungen „Vater der Lüge", „Fürst dieser Welt", „Menschenmörder von Anbeginn" (Joh 8, 44; 12, 31; 14, 30).

Der Abwendung von der Liebe vorauf geht nach dem alten Genesis-Mythos die – der Warnung Gottes: „Ihr werdet sterben" entgegengesetzte – Lüge: „Ihr werdet sein wie Gott". Ihr leiht der Mensch das Ohr. Die symptomatisch erste Geste des von der „Schlange" Getäuschten ist dann der Zugriff, der selbstische Vorgriff auf die Frucht vom „Baum der Erkenntnis des Guten und des Bösen", deren Schenkung sich Gott vorbehielt. („Gut und Böse erkennen" ist biblische Chiffre für: alles wissen und alles machen können.) – Bemächtigung der geschaffenen Welt tritt nun an die Stelle ihres Empfangens vom liebenden Schöpfer. Unter ihr Zeichen und damit in den Griff des Bemächtigers, des „Fürsten dieser Welt", gerät der Kosmos. Nicht die heile Frucht wird, wie es die „erste Liebe" will, von einem dem anderen gegeben, sondern die angebissene wird weitergereicht, darum weil (und solange wie) man den anderen noch für sich selbst braucht. Selbstsucht dringt als Ferment in die Liebe ein, ob einer will oder nicht. Die Abwendung von der Urliebe bedeutet für das Geschöpf auch den Verlust der Freiheit, wie sie in der Erwiderung der Liebe mitgegeben war. An ihre Stelle tritt die Knechtung unter die Zwänge des Ego. Solange jedoch einer noch unter ihr leidet, solange ein Getäuschter enttäuscht werden kann, bleibt die Möglichkeit der Befreiung. Aber befreien kann er sich nicht selbst, Gott wird ihm die neue Freiheit in der Liebe schenken, wenn der Verstrickte sie ersehnt. Und daß diese Sehnsucht in ihm durchdringt, hat wiederum seine letzte Chance darin, daß sein von der Quelle der Schöpferliebe losgelöstes Leben im Tode mündet – im Tode, den fortan einer nicht nur selbst erleidet, sondern den nicht selten ein Unerlöster auch dem anderen zufügt. Das kann seine Stufen haben: Man tötet das Liebenkönnen im anderen, beutet seine Kraft, seine Lebenszeit, seine Freiheit für sich aus, und, falls er den Eigeninteressen im Wege ist, beseitigt man ihn.

Die – biblisch gesehen – erste geschichtliche Tat ist eine Untat. Kain mordet Abel. Der „Menschenmörder von Anbeginn" zeigt sein Gesicht. Das ist die Reihenfolge, wie er vorgeht (entsprechend den Namen, die ihm das Johannesevangelium gibt): Erst lügt er, dann knechtet er, dann mordet er.

Aus der Keule Kains werden in jahrtausendelanger Entwicklung von Instrumenten der Gewaltausübung die Ausrüstungen der Kriegsheere. Das zeichenhaft erste, von dem uns die Bibel berichtet, sind die Streitwagen und Rosse des ägyptischen Pharao hinter den Hebräern her in der Paschanacht: Das Rote Meer verschlingt sie, während das waffenlose kleine Israel behütet und gerettet wird, weil die Urliebe auf seiner Seite ist; denn es soll das messianische Volk werden, aus dem der Befreier aus aller Macht des Bösen kommt. Inzwischen dringt diese geschichtlich weiter vor. Die Erfindung der Atombombe, deren Auslösung in wenigen Augenblicken Millionen von wehrlosen Menschen morden oder entsetzlichem Siechtum ausliefern kann, markiert die Schwelle zum Ende der Zeit. Sie ist jetzt etwas wie die geballte Faust gegen den Gott des Lebens, „die Zusammenfassung der bösen Gewalt von Jahrzehntausenden in dämonischer Umkehr der Macht des Schöpfers Leben zu geben" (Erzbischof Hunthausen). Menschliche Politik zeigt sich ohnmächtig, den in ihrer Mitte zu überwinden, der alles daransetzt, nicht nur der „Menschenmörder seit Anbeginn", sondern auch der allem Menschenleben ein Ende Machende zu sein.

Der achte Teufel

Zu seiner Taktik gehört es, daß er sich tarnt; der Nebel um seine Existenz, um seine Waffen wird immer undurchdringlicher. „Die Vorräte an nuklearen, biologischen und chemischen Waffen nehmen ständig zu. Wenn auch nur ein enger Kreis von Spezialisten über die Einzelheiten Bescheid weiß, steht doch fest, daß die bisher gelagerten Waffen an Zahl und Zerstörungskraft ungeheuerlich sind ... Die Bedrohung wächst ins Unvorstellbare. Man häufe nur das entsprechende Material auf, und es wird sich unfehlbar des Teuflischen im Menschen bemächtigen und mit ihm losmarschieren, schreibt C. G. Jung" – so Kardinal Höffner Herbst 1981 vor der Deutschen Bischofskonferenz. Die Prognose des Jung-Zitats trifft ins Schwarze. Das Teuflische kommt gerade dadurch mehr und mehr zum Zuge, daß die meisten Menschen, auch die Christen, eine satanische Hintergrundmacht überhaupt nicht mehr für existent halten. Im alten „Doktor Faustus" überbieten sich sieben Teufel im Selbstruhm, was Geschwindigkeit betrifft. Der siebte rühmt sich, das Gute so rapide in Böses umkippen lassen zu können, daß niemand es merke. Unser Zeitgenosse, der achte Teufel, vermochte es, sich über Nacht derart zum Verschwinden zu bringen, daß jedermann meint, es habe ihn nie gegeben. Die Tiefenpsychologen wissen heute mehr von ihm als die Theologen. – Die Welt, soweit für sie das Wort Joh 5,19 gilt, daß sie „ganz im Machtbereich des Bösen liegt", lebt weithin wie unter einer Nebelglocke, die sich zum Smog verdichtet, kein Licht mehr durchläßt, aber man lebt darunter weiter, wie wenn nichts sei; alles geht seinen gewohnten Gang, keiner bekommt Atemnot, keiner schreit nach Licht. Die Gotteshäuser stehen tagsüber leer oder bleiben verschlossen, sofern sich nicht, weil sie als Kunstwerke noch attraktiv sind, die Busse der Reiseunternehmen darin ausschütten dürfen. – 1912 geschah die Titanic-Katastrophe. Das Riesenschiff, „das sicherste der Welt", ging mit spielendem Orchester unter. Es war unversehens auf eine Eisbergspitze gelaufen. Vielleicht war das damals bereits ein warnendes Menetekel für die Menschen gegen Ende des gleichen Jahrhunderts.

Die inkarnierte Liebe in unserer Welt

In eine solche Welt hinein hat sich das vom Vater gesprochene Wort, der Sohn Gottes, inkarniert.

Trägt Gott selbst nicht Verantwortung für eine Welt der Leiden? Ihm verdankt der Mensch die Freiheit. Wußte er nicht um die möglichen Folgen ihrer Pervertierung? Sah er dann nicht deren unzählige Opfer voraus?

Wir wissen nur eines: Er selber wird Mensch in einer Menschheit, wie sie geworden ist. In ihr lebt und verwirklicht er die Konsequenz der Liebe, um ihre aus Abgründen rettende, heilende, versöhnende Macht und damit ihre letzte beseligende Tiefe offenbar zu machen.

In Nazaret beginnt er durch dreißig Jahre hindurch, den „Gehorsam durch Leiden zu lernen" (Hebr 5,6). Im Milieu einer galiläischen Kleinstadt hat er die grenzenlose Liebe auch denen gegenüber zu bewähren, die sie selbst nicht haben, die sie in den Engen ihrer Gebundenheit an Gesetz und Bräuche mißverstehen und ihr darum widerstehen. Er ist das Ja Gottes zu den Menschen in ihrer ganzen Armseligkeit (2 Kor 1,19), ihrer Eingrenzung in ein Nest, das sie nicht erkennen läßt, was der Grund ihrer Reaktion auf die Grenzen sprengende Radikalität seiner Liebe ist (in seinem

Wesen und Verhalten muß sie ausgestrahlt sein, wie schlicht und verborgen er auch sonst unter den Menschen lebte). Bis in die innersten Regungen seines Herzens hat Jesus Gottes Ja zu seinen Menschenkindern zu verwirklichen und ihr Nein auszuhalten, wann immer sein so anderes Wesen sie überfordert, befremdet, provoziert, in Frage stellt.

Im Rückschluß auf den Versuch Nazarets, den von der Jordantaufe her Kommenden nach seinem ersten öffentlichen Auftreten in der Synagoge zu töten (Lk 4,29), ist zu ahnen, was schon das Kind Jesus an Spott, Zurücksetzung, Bosheit und Heimtücke erfahren haben mag, da es so anders war. Nazaret ist der verborgene Beginn der Passion. Diese drei Jahrzehnte sind zweifellos in die Bergpredigtweisungen Jesu miteingegangen; bevor er sie ausrief, hatte er sie in ihren leidvollen Konsequenzen selbst zu leben.

Das Ende der drei folgenden öffentlichen Jahre wird seine Bemächtigung durch Folterknechte und die Annagelung an einen Galgen sein. Mit dieser Passion aber, die sein ganzes Leben und Sterben war, stiftet er – und das ist ihr Geheimnis – allen Leidenden, jeglichem Armsein die Identität mit sich selber ein, das Anwesen seiner selbst, so daß er von jedem, der an und in der Finsternis dieser Welt leidet, sagen kann: „Das bin ich." Diese Vollmacht wird offenbar in seiner Auferweckung von den Toten, in diesem Christus, der sich als Auferstandener dem Thomas mit Wunden zeigt – mit nicht vernarbten Wunden, weil sie ihm weiter zugefügt werden die Weltzeit hindurch. Denn es wird ja weiter gelitten, es gab und gibt Golgota weiter, das zweite Golgota war Auschwitz, das dritte würde ein Atomkrieg sein. (Siehe hierzu Exkurs S. 26.) Jesu Auferstehung macht offenbar: Es wird nicht vergeblich gelitten; in den Leiden dieser Welt, erst recht in den äußersten, verbirgt sich die Weltenwende. Durch ihn, der in unsere Leiden einging (vgl. Jes 53, 4 ff.), sind sie der Sinnlosigkeit entrissen, sind sie die „Wehen" geworden, „in denen die ganze Schöpfung liegt" (Röm 8, 22). – Wehen, die der Geburt einer neuen Schöpfung vorausgehen, jener, auf die hin Gott alles erschuf. Wer wird geboren, wer tritt ans Licht? Christus mit all denen, in deren Mitte er litt, in deren Leiden das seine ausstrahlte, da er es in göttlicher Liebe für sie und mit ihnen litt. Christus wird, mit einer durch ihn erneuerten Schöpfung, in der Herrlichkeit offenbar, die er als „Erstgeborener von den Toten" vom Vater empfing.

Weltenwende im Vollzug

Die Weltenwende, die Jesu Tod und Auferstehung und das Ausgreifen seines Geistes zu allen Völkern hin bedeutete, begründete und einleitete, vollzieht sich hier und jetzt schon überall da, wo man durch die gottgeschenkte Offenheit für sein Wesen und Wort und seine Erlösertat in eine neue Freiheit hinein befreit wird, am Wagemut seiner Liebe teilbekommt und sich in seine Jüngergemeinde eingereiht weiß. Wo immer es diese wirklich gibt, verändert sich die Welt, sie ist ihrem Verderben entrissen. Da liegt Lazarus dann nicht länger vergeblich vor der Tür des Reichen, und nicht erst das Jenseits wird für ihn Abrahams Schoß.

Nicht die Leid und Tod zufügende Macht hat weiter das letzte Wort, sondern Gott, „der die Mächtigen vom Thron stürzt, die Reichen leer ausgehen läßt und die nach Gerechtigkeit Hungernden sättigt" (Lk 1, 48).

Die gottfremden und Gott entfremdenden Mächte scheinen übermächtig zu werden in unserer Welt und Zeit.

Mehr denn je kommt es da auf die Menschen an, die sich nicht länger in der Grauzone wohl fühlen, im „Milieu", und die nicht ihr Ziel darin sehen, über den dort gerade noch glimmenden Docht von Christentum aus Angst vor dem Bösen den Scheffel eines immer noch fürchterlicheren Atomschildes zu stülpen, wodurch er vollends zu erlöschen droht, sondern die Christentum als das „Geheimnis der Entgrenzung", wie Liebe sie will, verstehen.

Der johanneische Text, der diese Entgrenzung symbolisch zum Ausdruck bringt, ist der vom Gründonnerstag. „Vor dem Paschafest, da Jesus wußte, daß seine Stunde gekommen war, aus dieser Welt zum Vater zu gehen, und da er die Seinen, die in dieser Welt waren, liebte, so liebte er sie bis ans Ende ... Und so steht er vom Mahl auf und legt die Kleider ab, nimmt ein Leinentuch und bindet es sich um. Darauf gießt er Wasser in das Becken ... und fing an, die Füße der Jünger zu waschen und mit dem Leinentuch, das er umgebunden hatte, abzutrocknen" (Joh 13, 1 ff.). Wer aus Überzeugung Christ wurde, weiß, daß das auch ihm geschah. Und daß Jesus dabei aufschaute zu seinem Gesicht. Liebe gibt es nicht von oben nach unten. Und das eigentliche Gesicht des Menschen ist das seiner Ebenbildlichkeit mit Gott.

Glaube, Teilhabe am Sehen Jesu, erkennt dieses Bild noch in den zerstörtesten Zügen seines Nächsten. Glaube ist Aufblick. Der Mensch ist das fundamentale Symbol Gottes selbst, das ist sein Wesensgrund, dieser ist in ihm nicht zerstörbar, nie kann er ihn ganz verleugnen. Ihn freilegen zu helfen ist die Berufung des Menschen, dem selbst Entsprechendes widerfuhr. Wenn das verstellte oder entstellte Ebenbild des Menschen wieder durchscheinen soll, muß er erst sehen können, wie er auszusehen hat. Darum wurde

Gott Mensch. Und darum ersieht er sich Menschen, denen er so aufleuchtet und einleuchtet, daß er auch sie „Licht der Welt" nennen kann. Einzig dieses Licht vermag heute noch die Decke über den Herzen der Vielen zu durchdringen, die sinnlos, lichtlos leben, aber daran leiden. Und womöglich auch der Menschen, die noch nicht daran leiden, denn der Leidende vertritt jeweils viele in seinem Schrei nach Gott.

Exkurs: Das dreifache Golgota

Alles, was Gericht und Gnade heißt, vollzieht sich nach dem Römerbrief in dieser Ordnung: Christus leidet, stirbt und ersteht von den Toten für alle, zuerst jedoch für die Juden, dann für die Heiden. Was für und an Israel geschieht, hat immer die Bedeutung des Vorzeichens für die Völker, die Menschheit.

In unseren Blick kommt heute ein dreifaches Golgota. Das erste ist das des „Einen, der starb für uns alle, damit wir im Tode nicht untergehen" (Römische Liturgie). Die Zeugnisse des Neuen Testamentes sagen, daß Ostern wurde, daß Er, der Erstgeborene von den Toten, das Fundament einer neuen, kommenden, ewigen Welt ist.

Das zweite Golgota war „Auschwitz", die Chiffre heute für den Holocaust, aus dem Israel wieder als Volk hervorging nach einer fast zweitausendjährigen Passion, in der es, als Judenheit über die Welt zerstreut, „zu Kehricht und Auswurf geworden war inmitten der Völker" (Klgl 3, 45). Es gibt, gegen alles Menschheitserwarten, wieder „ganz Israel" – nach Röm 11 das letzte große Ereignis der Heilsgeschichte vor der Parusie, dem Offenbarwerden des göttlichen Erbarmens mit Israel und allen zum ewigen Leben Bestimmten aus den Heidenvölkern.

Exkurs: Das dreifache Golgota

Das dritte Golgota wird das der Menschheit sein. Ein Atomkrieg könnte es herbeiführen. Äußerste Aktualität hat im Hinblick auf diese Möglichkeit der Text 2 Petr 3,7–15, früher kaum beachtet, da er bis vor vierzig Jahren für die Menschen nichts Vorstellbares enthielt und darum im Gedächtnis nicht haftete: „Durch das Wort Gottes sind Himmel und Erde, wie sie gegenwärtig bestehen, für das Feuer aufgespart und für den Tag des Gerichtes aufbewahrt, an dem alle gottlosen Menschen das Verderben ereilen wird ... Der Herr schiebt seine Verheißung nicht hinaus, wie das gewisse Leute meinen. Vielmehr läßt uns nur seine Geduld noch Zeit; denn er will nicht, daß irgend jemand umkomme, sondern vielmehr, daß alle den Weg zur Umkehr finden. Kommen aber wird der Tag des Herrn wie ein Dieb. Dann werden die Himmel krachend zerbersten und die Himmelsmächte in einem Flammenmeer verglühen. Und die Erde und alles, was auf ihr sein Werk treibt, wird öde und leer befunden werden. Da denn diese Welt als ganze dem Untergang entgegengeht, wie heilig und fromm muß da euer Lebenswandel sein, in gespannter Erwartung der Erscheinung des Tages Gottes, durch dessen Wirkung die Himmel im Weltenbrande vergehen und die Himmelsmächte im Flammenmeer zerschmelzen werden! Ein neuer Himmel und eine neue Erde ist es, die wir nach seiner Ankündigung erwarten, und in ihnen wird Gerechtigkeit wohnen. Darum, ihr Lieben: Setzt in dieser Erwartung alles daran, unbefleckt und makellos vor ihm in Frieden angetroffen zu werden. Bedenkt, daß an der Geduld, die der Herr mit uns hat, unser Heil hängt!"

Angesichts der drei Kalvarienberge der Menschheit, dieser Aufgipfelung von Leid und Tod, ist es für den Glauben und seine Praxis von größter Bedeutung, zu erkennen, aus welcher je ähnlichen Grauzone heraus die Todesmacht da jeweils übermächtig wurde und noch werden könnte, mit anderen Worten, in welchem Bereich und Zustand von Menschsein und Menschheit die Pervertierung von Freiheit ihren gefährlichsten Grad erreicht hat und noch erreichen kann.

II
DIE LIEBE STIRBT ALLE TODE MIT

Du erstaunst mich, Gott,
erfüllst mich mit Bewunderung.
Wenn ich auf eine Kobra trete, beißt sie mich.
Wenn ich eine Biene berühre, sticht sie mich.
Wenn ich eine Wespe reize,
wird sie nicht mit mir spielen.
Ein stechendes Insekt zertrete ich.
Eine Schlange, die zu nahe kommt, töte ich.
Eine Ameise, die sticht, lasse ich nicht leben.
Aber wenn wir dich beißen,
schlägst du uns nicht weg, noch zertrittst du uns.
Du bläst Kühlung auf uns, wenn wir dich beißen.
Du hegst uns bei allen Wunden,
die entstehen, wenn wir dich beißen.
Du erstaunst mich Gott, verwunderst mich.
Wenn ich es wäre, würde ich die Welt zerstören.
DU aber bist Liebe.

GEBET AUS SIMBABWE

Die Liebe stirbt alle unsere Tode mit

Es werden so entsetzliche Tode gestorben, Tode, in denen Leben nicht im mindesten ausgereift ist, Hungertode, Foltertode, Terrortode. Das ungeheuerlichste Beispiel von Tod, das die Menschheit unseres Jahrhunderts erlebte, war wohl Auschwitz, eine Art zweites Golgota. Danach fielen die Bomben von Hiroshima und Nagasaki, Warnsignale für ein drittes, atomares Weltgolgota, das bevorstehen könnte. Verantwortet Gott diese Quälereien seiner Geschöpfe, dieses entsetzliche Sterben?

Es gibt auf diese Frage nur eine einzige Antwort: der gekreuzigte Jesus von Nazaret. In diesem gefolterten, gemarterten, an einen Schandpfahl genagelten Menschen starb und stirbt Gott selbst unseren Tod mit, alle entsetzlichen Tode und alle sanften Tode aller Menschen. Gott ging das Risiko seines eigenen Golgota ein, als er das Wesen Mensch als sein Ebenbild schuf: mit der Fähigkeit, selber zu wissen, zu denken, zu planen, zu machen, vor allem aber sich von Gott geliebt zu erfahren und ihn dankbar wiederzulieben – in Freiheit! Denn das gehört zur Wahrheit Mensch hinzu: seine ganze Existenz – was einer ist, hat, weiß, kann, leistet, leidet – ist Geschenk. Er ist nicht aus sich selbst da. Seiner Freiheit letzter Sinn ist aber, daß er Gott wiederliebt, so wie Gott ihn liebt; daß er Gott „wählt", in dankbarer Liebe erwählt, so wie Gott ihn erwählte. Erwiderte Liebe ist Seligkeit. Erwiderte Gottesliebe ist ewige Seligkeit. Nur aus Freiheit kann solche Liebe hervorgehen.

Tatsächlich aber hat der Mensch seine gotteskindliche Freiheit pervertiert, zum Gegensatz hin verkehrt. Er ist so herrlich geschaffen, daß er sich selbst Konkurrent gegenüber dem herrlichen Gott werden kann, solange er diesen nicht gleichsam mit Augen „sieht". Hier kommt ins Spiel, daß er als ein Wesen aus Erde in gewisser Hinsicht schwach ist, begrenzt in seinem Horizont, darum versuchbar. So erlag er der Vorstellung, er könne es sich leisten, ohne das Du seines Schöpfers zu existieren und Geschichte zu machen ...

Ohne die Erschaffung des Menschen mit seiner Wahlfreiheit, die, auf Liebeerfahrung und Liebeerwiderung angelegt, Voraussetzung seiner ewigen Seligkeit ist, gäbe es die Welt in ihrer bösen Seite nicht. Es gäbe Kain nicht, der den Abel ermordet; es gäbe den ganzen Zirkus miteinander konkurrierender Selbstsucht in der Weltgeschichte nicht; es gäbe am Ende die Atomarsenale nicht, die auf ihren Auslöser warten; es gäbe die Slums und die Diktaturen nicht, nicht die Hungertoten vor den Toren der Satten und der Rüstungsindustrie. Aber ohne dieses Risiko gäbe es auch nicht die Offenbarung eines Gottes, dem unser Menschendasein und unsere ewige Seligkeit so viel wert ist, daß er dafür die Leiden der ganzen Schöpfung und mit ihnen sein eigenes in unergründliche Tiefen reichendes Leiden in Kauf nimmt. Ohne dieses Risiko Golgota gäbe es auch die Bekehrung nicht und nicht die Vergebung, die Offenbarung der letzten Tiefe von Liebe, die das Geschöpf Mensch erfahren kann. Es gäbe das Oster-Halleluja nicht und nicht die Scharen der Seligen, die niemand zählen kann. Und es gäbe nicht hier und jetzt schon die kleinen, von der Freude Gottes erfüllten Gemeinschaften, die wie Vororte der kommenden Welt sind, Salz und Sauerteig einer Erde, die Gott schuf, um sich in ihr zu inkarnieren und sie in sich zu verklären.

Gott erreicht sein Ziel mit uns, mit der Menschheit und der Schöpfung, indem er die Leidfolgen des Bösen in göttlicher Freiheit und Liebe selber erleidet und so auf das ewige unzerstörbare Leben hin öffnet. Denen, die das Böse tun, ohne in ihrer Schwachheit zu wissen, was sie wirklich tun, erwirkt er Bekehrung und schenkt Vergebung.

Eine Frage, die sich da freilich aufdrängt: Wer sucht denn Vergebung? Bei wem gibt es eine erkennbare Wende?

Der linke Schächer

Lukas berichtet, auf Jesu Gebet am Kreuz hin, „Vater, vergib ihnen, denn sie wissen nicht, was sie tun", habe sich einer der beiden Schächer bekehrt. Was wird aber aus dem auf der anderen Seite? Es sieht so aus, als ob viele Menschen heute wie dieser linke in der Abkehr von Gott sterben. Vielleicht ist der linke Schächer unter den gleichen Bedingungen groß geworden wie der andere (oder unter noch schlechteren). Vielleicht hat es in seiner Kindheit an Liebe gefehlt, war er willensschwach, wurde er psychisch krank, aggressiv, schließlich hat ihn eine Terrorbande vereinnahmt. Ein Opfer seines Milieus? Zeit seines Lebens gab es so etwas wie eine Decke über seiner gottebenbildlichen Seele, kein Strahl durchdrang sie ...

Gericht und Gnade bleiben ein letztes Geheimnis Gottes, das wir nur so weit ergründen können, wie die Bibel uns Hinweise gibt. So könnte sich eine Antwort auf die Frage nach dem ewigen Geschick des linken Schächers verbergen in dem letzten Wort Jesu am Kreuz: „Mein Gott, mein Gott, warum hast du mich verlassen?" Meine Hoffnung ist, daß in diesem Wort die Rettung auch des linken Schächers enthalten war und damit der unzählig vielen, bei denen das rettende Licht durch Umweltverhältnisse, durch Erbanlagen oder andere Gründe sowenig eine Chance hatte wie bei diesem Mann. In die Verlassenheit all dieser von Gott Wegsterbenden ist Jesus mithineingestorben. Was will der Glaubensartikel „Hinabgestiegen in die Tiefen des Todes" denn anderes besagen? Was in der Passion Jesu bis zu seiner Kreuzigung geschah, war wohl nur ein Vorspiel von Leiden, gemessen an seiner Verlassenheit von Gott bis zum Auferstehungsmorgen.

Hinabgestiegen in die Tiefen des Todes

Die „Tiefen des Todes" sind bei den von Gott Abgewandten schon bei ihren Lebzeiten entsetzliche Untiefen. Wir brauchen uns nur an Bildberichte von Kambodscha zu erinnern oder einen heutigen Horrorfilm anzusehen. Paulus, von dem die Apostelgeschichte sagt, daß er als Saulus „Wut und Mord schnob gegen die Christen", spricht im zweiten Korintherbrief (4,6) davon, daß die seelische Verfassung des Menschen, bevor ihm das rettende Christuslicht auf- und einleuchtet, dem Zustand der abgründigen Finsternis vor dem ersten Schöpfungswort „Es werde Licht" gleicht. Was sich nicht unter den Werdekräften des Lichtes zur Gestalt entfaltet, verfällt der Entstellung; was nicht zu Gott kommt, verkommt im Dunkel. In die gleiche Richtung weist das Kolosserbriefwort: „Gott hat uns der Gewalt der Finsternis entrissen und in das Reich seines geliebten Sohnes versetzt." Nicht einfach von Finsternis spricht dieser Satz, sondern von der Gewalt der Finsternis, der man entrissen werden muß durch eine überlegene Macht des Lichts.

Wie tief es mit dem Menschen hinabgeht, der im Tod von Gott wegstirbt, ist nur ahnbar. Aber ist dieses Von-Gott-weg-Sterben Endgültigkeit, wenn es ohne eine bewußte Entscheidung gegen Gott geschah? Es gibt zwar eine letzte Zone dieses Hinab: Haß des Lichtes, weil man die Finsternis lieber hat, weil der Wille dem Bösen gehört. Jesus nennt diesen Zustand „Hölle", hier findet die Erlöserliebe ihre Grenze. In der Apokalypse ist entsprechend an fünf Stellen von dem „Feuersee" die Rede als dem Bereich, wo der „zweite Tod", das endgültige Nein zu Gott und seiner Schöpfung, seinen Ort hat. Es wäre Vermessenheit, den Ernst dieser apokalyptischen Bilder und der Worte Jesu zu verharmlosen.

Worauf es uns bei dieser Überlegung ankommt: die gesamte Sphäre zwischen dem ersten Tod, dem Sterben eines gottverlassenen Menschen, bis zu dem denkbaren „zweiten Tod" hat Christus in seinem rettenden Abstieg zu den Toten durchmessen. Er hat sich selbst zur Rettung des Menschen dem Erfahren der unausdenklichen Konsequenzen von Gottverlassenheit ausgeliefert, in die der unerlöste Mensch im Tod gerät. Er ist Gefährte all derer geworden, bei denen es noch einen Rest von Nichtwissen dessen, was sie taten, gibt, also einen Rest von Entschuldbarkeit und damit auch einen Rest von Freiheit zur Bejahung des in ihrer Finsternis aufleuchtenden Lichtes. Mit und in Jesus, dem von Gott Verlassenen, der dennoch Gott von Gott ist, dringt das Licht, dringt das Leben selbst, das Liebe ist, rettende Liebe, bis in die tiefste Sphäre der Gottferne vor. Erst vor dem „zweiten Tod" findet sie ihren Einhalt.

„Hinabgestiegen in die Tiefen des Todes – aufgestiegen in den Himmel": Aus der tiefsten Tiefe der Verlorenheit von Menschen geschieht der Aufstieg des Gekreuzigten mit all denen, die sich retten ließen und lassen, in die selige Sphäre des dreieinigen Gottes hinein. So verantwortet Gott unseren Tod.

Tod als Frage an uns

Es gibt eine Mitverantwortung für den Tod, den eigenen und den anderer Menschen. Worin besteht sie?

Unser Leben wie unser Tod ist nach dem Willen unseres Schöpfers ein Geheimnis der fortschreitenden Entgrenzung zu Gott, zur Fülle des Lebens. Es geht zunächst darum, daß wir dieses Vorhaben Gottes nicht blockieren durch borniertes Festhalten am Jetzt und am Bisher, an Eigenbesitz, Wohlstand, Komfort und anderen Ehrgeiz- oder Geizzielen des Ego. Unser ganzes bürgerliches und vielleicht auch frommes Dasein kann dabei ins Spiel kommen. Ich denke an eine Szene im Lukasevangelium. Da ruft einer hinter Jesus her: „Herr, ich will dir folgen, wohin du auch gehst." Ihm erwidert Jesus: „Die Füchse haben ihre Höhlen und die Vögel ihr Nest, der Menschensohn hat nicht, wohin er sein Haupt lege" (9, 58). „Nest" steht in diesem Bibelwort für die abgegrenzten Bereiche irdischen Behagens, Brütens und Hockens; der Fuchsbau ist ein Sicherungssystem, Bild für alle Formen der Absicherung unseres Bisher. Jesus will sagen: Höhle und Nest muß man hinter sich lassen in seiner Nachfolge. Geburt wiederholt sich. Was wir hier in ichhafter Verengung als Bergung und Freiheit ansahen, festhielten und absicherten, hält nicht vor. In jedem Nest nistet zugleich der Tod, weder Bunker noch Banksafes können ihm wehren. Jesus führt aus diesen Nestern und Höhlen heraus. Wohin? Er ist „in dem, was des Vaters ist" (Lk 1, 49). Dorthin nimmt er mit, in das Leben hinüber. „Laß die Toten ihre Toten begraben!", so ruft er einem anderen Menschen zu, der erst noch für eine pietätvolle Beerdigung eines Angehörigen Sorge tragen will.

Die Entscheidung für das Leben kann Scheidung bedeuten von jeglicher Verhaftung im Jetzt und Hier. Sein altes Bisher lassen. Das Gesetz der „engen Tür" oder des „Nadelöhrs", durch das jeweils nur Leute ohne viel Gepäck, also Arme und Kinder, zu Aufbruch und Durchbruch Bereite hindurchkommen, bestimmt das Erdendasein aller durch Christus in das Reich Gottes Berufenen bis zur letzten Überschreitung aller irdischen Horizonte. Christi liebender Ruf, der Hinblick auf ihn, den Avantgardisten in das Reich des Lebens über die Todesgrenze hinüber, den „Anführer und Vollender unseres Glaubens" (Hebr 12, 2) ermöglicht den Überschritt: ein Sterben, das Leben ist.

Von den Mächtigen dieser Erde, den Selbstsicheren und den sich selbst Sichernden wurde und wird dieser Verunsicherer all unserer Sicherheiten, dieser Aufscheucher aus unseren Nestern, dieser Entgrenzer nicht ertragen. Sie haben so etwas wie einen Grenzpflock der Todeswelt in die Erde zu rammen versucht, als sie Jesus auf Golgota kreuzigten. Jene, die Jesus nachfolgen, teilen sein Schicksal. Aber es ist Aufgang, nicht Untergang, ist durch Leiden und Tod hindurch die Entgrenzung in die grenzenlose Freiheit der Liebe, die Gott ist, endgültige Bergung des Liebenden und der Welt, die ihm zu lieben aufgegeben ist, in Gott hinein.

Radikale Ehrfurcht vor dem Leben

Unsere Verantwortung für den Tod läßt sich letztlich auf einen Nenner bringen: das Leben wählen, sich in den Dienst des Lebens stellen, das stärker ist als der Tod, wenn es grenzenlose, Grenzen sprengende Liebe ist. So steckt es auch andere an und hilft über die Todesgrenze hinweg. Gott, der Lebendige, ist brennend interessiert am Leben seiner Menschenkinder, an ihrem Leben schlechthin, dem er seinen Odem einhauchte, am Leben, das sich ihm verdankt und das wir als solches, als seiner Liebe verdanktes, schon hier und jetzt erfahren – und weitergeben sollen. Denn als Menschenfamilie hat er uns erschaffen. Im verwirklichten Wir der Gotteskinder gelangen wir zum gemeinsamen Vater. Darum wartet Gott in unserem jeweils Nächsten auf uns, macht er uns mitverantwortlich für ihr Leben. Wir sollen es ermöglichen und zur Entfaltung bringen helfen, den anderen lieben wie uns selbst. Gott identifiziert sich mit dem Leben des anderen wie mit dem meinen. Dabei sagt Jesus eigens, wer ihm die allernächsten, die allerwichtigsten sind und wo er uns am dringendsten in die Mitverantwortung für das Leben ruft: die in Hunger und Durst, in Krankheit, Gefangenschaft, Obdachlosigkeit, Fremdheit Alleingelassenen – die sind *Er*.

In einer Welt, die davon absieht, sichern die Menschen ihr Eigenleben, ihre Macht und ihren Besitz mit allen Mitteln der Intelligenz und des Mammon derart ab, daß Wirtschaft und Politik im Erfinden, im Bereitstellen und Einsetzen von Todeswaffen geradezu ihre verborgene Mitte haben können. Vor den Toren der Rüstungsbetriebe liegen, wenn auch vielleicht in weiter Ferne, Morgen für Morgen Tausende von Hungerleichen. Industrie und Wirtschaft leben weitgehend – vom Tod und vom Tötenkönnen. Der Christ ist gefährdet, da einfach mitzumachen. Die radikale Ehrfurcht vor dem Leben und seinem Urgrund Liebe, ihre angstlose Einübung und Übung, die Verweigerung von Tötung und Tod kostet ihren Preis – wenn es sein muß, unseren eigenen Tod.

Ein Hindernis für solche letzte Bereitschaft kann die Religion selbst werden, wenn sie nur Kompensation ist für verweigerte Glaubenskonsequenz. Die Geschichte des altbundlichen Israel ebenso wie die der christlichen Kirche macht warnend deutlich, daß Religion solche Wirkung haben kann. Bestandteil gesellschaftlicher Existenz geworden, läßt sie den Widerstand gegen diese Gesellschaft, wie ihn der Glaube fordert, gar nicht erst aufkommen oder bringt ihn bald zum Erliegen. So kann die Religion unter Umständen durch ihre Verwurzelung in der Tiefe des Unbewußten zur wirksamsten aller Antriebsmächte gottwidriger Politik werden. Allzugern bildet man sich ein, mit seiner bisherigen religiösen Praxis das Genügende und Gültige zu tun und mit Gott schon ins reine zu kommen. Alles Erforderliche sei eingespielt und gesichert ... Man habe im Grunde genommen nur Verantwortung zu tragen, daß das religiös Vorgegebene und Gewohnte weiterbestehe und weiter geschehe. Hier darf dann nichts neu sein, nichts anders – das wäre dann noch einmal Unsicherheit ausgerechnet in einem Bereich, wohin man sich ja flüchtete, um ein Alibi für die Auffassung zu haben, daß im Bereich von Wirtschaft und Politik und gesellschaftlichen Trends andere Gesetze gelten.

Religion und Politik haben Jesus ans Kreuz geschlagen, weil sie, jeder Bereich auf seine Weise, davon ausgingen, daß alles beim alten bleiben müsse. Das alte Lebensgefüge, das alte Todesgefüge, der alte Lebensstil und der alte Begriff von Gott – Pilatus und der Hohe Rat, die irdische und die geistliche Autorität im Umkreis von Golgota, Vertreter der Heidenschaft und der Orthodoxie haben gemeinsame Sache gemacht, als da einer kam, der dem alten todverfallenen Menschen und damit dem Tod selbst den Todesstoß geben wollte. Es zeigte sich: der neue Anfang, den Gott mit der Menschheit in Jesus von Nazaret machte, konnte vom alten Menschen nicht beseitigt werden. Der todverfallene

Mensch brachte es nicht fertig, das Neue und andere eines lebendigen Gottes durch die Kreuzigung Jesu ein für allemal hinter sich zu bringen, sondern der ganz andere Gott, der Gott des Lebens, brachte dadurch, daß er sich in diesem Jesus kreuzigen ließ, den alten Menschen in uns hinter sich.

Das Neue und Andere Gottes – daß er die Liebe ist und daß diese Liebe seine unabdingbare Heiligkeit wie seine ebenso grenzenlose Mitmenschlichkeit ausmacht – wurde in seinem Sterben um unserer Lebensrettung willen auf eine Weise leuchtend und einleuchtend, daß es uns jene Decke von den Augen nimmt, die uns den wirklichen Gott verbirgt.

Solange man den gekreuzigten Gott nicht gesehen hat inmitten der entsetzlichen Kreuzigungen, die in der heutigen Welt weiter geschehen, denkt man vielleicht, man könne so weitermachen; immer noch weiter weltlich mit dieser Welt leben, wie sie nun einmal ist, auch als Christ, weiter mit dem Rücken gegen die Hungertoten und gegen einen Gott, wie er sich in Jesus von Nazaret und auf Golgota offenbart. Im Hinblick auf den Gekreuzigten ist es jedoch möglich, der lebendige Mensch zu werden, der ein Christ sein sollte, und im Dienst des Lebens zu stehen.

Das Gesicht eines Kindes

Vor einigen Monaten zeigte das Fernsehen einige Minuten lang aus dem Katastrophengebiet in Kolumbien eine Szene, die niemand vergessen wird, der sie sah. Da steckt ein Kind, etwa zwölf Jahre alt, tief im zähen Vulkanschlamm. Darüber floß ein Wasser. Das ging dem Mädchen bis an den Mund, und von Minute zu Minute immer wieder über den

Mund. Männer, die wohl selber dabei in Todesgefahr kamen, versuchten sie durch einen ihr unter die Arme geschobenen Querbalken vor dem Versinken zu retten, sie womöglich herauszuheben. Der Schlamm erwies sich als zu zäh ...

Das war der 69. Psalm – die Kirche betet ihn an jedem Karfreitag und Freitag – in seiner ganzen Wirklichkeit: „Ich bin in tiefem Schlamm versunken und habe keinen Halt mehr; .../Entreiß mich dem Sumpf, damit ich nicht versinke!/Zieh mich heraus aus dem Verderben, aus dem tiefen Wasser!/Laß nicht zu, daß die Flut mich überschwemmt, die Tiefe mich verschlingt, der Brunnenschacht über mir seinen Rachen schließt!"

Drei Tage währte der Kampf, die Kräfte des Kindes erschöpften sich. Es versank zuletzt in der Tiefe.

Und nun das Gesicht dieses Kindes: Unbegreiflich klar, still, wissend, ohne die geringste Verzerrung durch Angst. Immer wieder, wenn sein Mund sich über den Wasserspiegel erhob, sprach es ein paar Worte, ganz ruhig, ganz klar. Man hatte das Empfinden, dieses Mädchen sprach den Rettern Mut zu, es schaute sie und uns an; uns, denen vielleicht ähnliches in noch unvorstellbarem Maße bevorsteht. Den sicheren Tod vor Augen, sah sie sich selbst nicht.

„Hinabgestiegen in die Tiefen des Todes." Wie leer, wie dünn, wie abstrakt, wie formelhaft ist das, wenn wir das im sonntäglichen Credo aufsagen! Dieses im Schlamm versinkende Kind, das war wie Christus auf Golgota. Hier verantwortete eine Zwölfjährige aus einer unbegreiflichen Gnade ihren eigenen Tod, indem sie ihn verschenkte, ihn uns schenkte. Und Gott verantwortete diesen Tod, indem er ihn annahm, uns zugute, denen zugute, die anders aus schlimmeren Schlammestiefen nicht gerettet würden.

Kreuzerhöhung

Wodurch unterscheidet sich Jesu Passion von der anderer Menschen, die wie er und vielleicht weit schlimmer noch gefoltert und gekreuzigt wurden und werden? Wieso ist die Art seiner Leiden so anders und das Maß seiner Leiden soviel größer, ja so unermeßlich groß, daß die Leiden aller Kreaturen darin mitgelitten werden, darin vergegenwärtigt sind, so daß er alle Leiden, sie mit uns und für uns aushaltend, mit sich durchdringen kann?

Es gab in seinem Wesen keine Möglichkeit der Abwehr von Leiden, von Bösem, das ihm andere zufügten, sowenig wie bei einem völlig wehrlosen Kind. Er hatte nur die Waffen der Liebe.

Und so sehr war er der *eine* Mensch mit uns Menschen, so liebend war er, daß er sich mit uns und uns mit sich als etwas völlig Zusammengehöriges erfuhr. Wir gingen und gehen ihn so an, wie wenn meine Augen oder meine Hand Wohltuendes oder Wehes erfahren; das erfahre dann doch *ich*.

Er konnte sich nicht distanzieren, nicht immunisieren gegen das Böse, das rings um ihn geschah, und erst recht nicht gegen das Böse, das man ihm selbst antat, wie wir das können mit unseren Schutzmechanismen und Abwehrreaktionen. Wenn jemand feindlich gegen uns ist, wenn man uns einen Schmerz zufügt, dann gehen wir unwillkürlich auf Distanz, oder wir werden selber auch aggressiv. Der uns da etwas antut, bleibt außerhalb von uns; er darf und soll uns nicht wehtun. Gefühle, Gedanken, Kräfte, alles in unserem Wesen bieten wir auf, um den anderen abzuweisen und abzuwehren. Den Menschen als Feind nehmen wir nicht nur nicht an, sondern tun ihn ab; wir würden ihn beseitigen, wenn wir das könnten.

Jesus? Da fesseln ihn ein paar Menschen, binden ihm Stricke oder Ketten um die Handgelenke. Dann kommt der Augenblick, wo sie ihn zu geißeln beginnen. 39 Geißelhiebe waren das nach der Regel. Und die Lederbänder waren mit spitzen Eisenstücken besetzt. Der Körper wurde aufgerissen, wurde etwas wie *eine* Wunde, manche starben dabei. Sodann setzte ihm die Soldateska eine Dornenkrone auf, die Stacheln dringen ihm tief in die Kopfhaut, in die Schläfen.

Aber für ihn sind diese Leute keine Soldateska. Er sieht Menschen, er sieht jeden einzelnen von ihnen, die von Spott, Hohn oder Wut entstellten Gesichter derer, die die Folter vollziehen. Aber da er nur eines kann: lieben, weil die Liebe sein Wesen ist, sieht er hinter diesen Gesichtern zugleich ihre arme Vergangenheit, ihre Kindheit, die Umgebung, in der sie groß wurden – er wuchs selbst ja in Nazaret auf, lebte dreißig Jahre in einer Stadt, von der Natanael sagt, „was kann aus Nazaret Gutes kommen?", und deren Bürger ihn nach seiner ersten Predigt in ihrer Synagoge zu steinigen versuchen, in Entladung einer gegen ihn aufgestauten Aggression durch viele Jahre, da er so anders, so rein und gerecht war.

Aus dem Mitleben mit diesen kleinen Leuten weiß er, wieviele Menschen ungeliebt aufwachsen, wie sie ganz früh schon von Vorurteilen und Engstirnigkeiten und anderem Ungutem ihrer Umgebung mitgeprägt oder auch wie sie vernachlässigt und verstoßen werden.

Und sind jetzt nicht ihm jene die Nächsten (die man lieben soll wie sich selbst), die ihm das Schlimme antun? Wer sonst? Unaufhörlich betet er in seinem Innern für sie – nicht erst am Kreuz: „Vater, vergib ihnen, denn sie wissen nicht, was sie tun" und hält sie aus.

Er weiß, es ist besser, alles Böse tobt sich gegen ihn aus als gegen irgendeinen andern, der dadurch auch wieder böse und so noch böser wird, darum weil der ja nicht anders kann, weil der ja die Kraft nicht hat, dem Bösen Gutes entgegenzuhalten. Darum ist es doch besser, das Böse trifft ihn, Jesus, so daß es nicht weitergeht, sondern an ihm sich erschöpft. Einer muß es doch sein, bei dem dies geschieht; gegen einen muß es sich zusammenziehen, damit er ihm standhält, es aufhält, damit es nicht alle umreißt. Einer muß es doch durch das Gute überwinden. („Und niemand ist gut als Einer: Gott" Mk 10,18.)

Und einer muß darum auch bewirken, daß alles Böse, damit es besiegt werde, sich unweigerlich ihm stelle; einer muß es so provozieren, daß es enttarnt wird, daß auch und gerade die Bösen, die es so gar nicht zu sein scheinen und meinen, mit ihrem Bösen aus den Verstecken heraus massiv böse werden.

Wen hat Jesus in besonderem Maße provoziert? Wer hat am Ende beschlossen, Jesus zu töten, ja ihn aus der Gemeinschaft seines Volkes und der Menschheit auszumerzen? Nicht Wegelagerer und Räuber, sondern Verantwortungsträger der Religion und Politik seiner Zeit, die meisten von ihnen, wie es schien, moralisch hochstehende Menschen: Menschen, die nicht nur bereit waren, sondern es auch fertigbrachten, „gut" zu sein in jenen Grenzen von Bildung, Sitte, Gesetz und Religion, in denen sie geschult waren und sich auskannten, und die zugleich auch ihre Autorität und Überlegenheit ausmachte gegenüber Schwachen, Armen, Analphabeten, anderen Klassen, Rassen und Völkern. Wenn die Vorläufigkeit, der Advent solcher Grenzen nicht mehr erkannt wird, wenn die Repräsentanten von Gesetz und Moral den Sinn, der diese Grenzen transzendiert, nicht mehr sehen, dann verbirgt sich dahinter um so wirksamer die „Unreinheit" des eigenen Herzens (vgl. Mt 15,1–20; Mt 23, das ganze Kapitel). Solche Verstecke des Bösen hat Jesus schonungslos beim Namen benannt und aus ihnen hat er in göttlicher Freiheit und Angstlosigkeit die „Prominenz" seines Volkes herausgerufen und tut es auch weiter durch die Zeiten hin. Die Weherufe Mt 23 greift der apokalyptische Christus auf mit dem Wort: „Du sagst, ich bin reich und reich geworden und brauche nichts; doch du weißt nicht, daß du elend bist und erbärmlich, und arm, und blind, und nackt" (Offb 3,17).

Es gab und gibt den Provokationen Jesu in der Bergpredigt, den Weherufen Mt 23 und der Apokalypse gegenüber nur eine Alternative: sich in seiner Erbärmlichkeit, in seinem sündigen Bisher von ihm erkannt sehen, wie Adam aus seinem Versteck hervor und zu ihm kommen als zu dem Licht, das in der Finsternis leuchtet und sie besiegt – oder aber dieses Licht, auf welche Weise auch immer, auszulöschen versuchen. Der Versuch, es auf einen glimmenden Docht zu reduzieren, ist das widersacherische Zerrbild von Jesu Vollmacht, auch aus dem glimmenden Docht noch einen Feuerbrand zu machen.

Warum erschlug Kain den Abel? Weil dieser ihm die Heuchelei seines Opfers, sein Nichtbestehen vor Gott, verdeutlichte ... und Abel wehrt sich nicht. Was Kain ihm antut, leidet er ihm zugute, das ist dessen Bekehrungschance, die letzte, die einzige.

Nur Abel, wehrlos, bekehrt Kain.

III
DIE LIEBE LERNEN

Sag, Närrin, wenn dein Geliebter dich nicht mehr liebt,
was würdest du dann tun?
Ich würde weiter lieben, um nicht zu sterben.
Denn nicht lieben ist Tod, und lieben ist Leben.

Auf der rechten Seite der Liebe ist der Geliebte
und auf der linken der Liebende;
und daher kann der Liebende nicht zu seinem Geliebten
kommen
ohne durch die Liebe zu gehen.

Die Liebe prüfte die Weisheit des Liebenden und fragte ihn,
ob er den Geliebten mehr geliebt hätte dadurch,
daß er seine Natur annahm oder dadurch, daß er ihn erlöste.
Der Liebende wurde verwirrt und antwortete schließlich,
daß die Erlösung dazu bestimmt wäre, das Unheil zu beseitigen,
und die Menschwerdung dazu, das Glück zu geben.
Und aus der Antwort entstand eine andere Frage:
Welche Liebe war die größere?

RAIMUNDUS LULLUS (1235–1316)

III. Die Liebe lernen

Liebe entgrenzt

Manfred, junger Musikstudent, ist an einem neurologisch-psychiatrischen Hospital als Zivildienstleistender beschäftigt, in Haus und Garten und als Fahrer.

Nach einem Sommergewitter gab es über dem nahen See einen Regenbogen, wie man ihn selten so schön zu sehen bekommt. Der Garten, von Bäumen und Hecken umsäumt, behindert die Sicht. Manfred reagiert blitzschnell. Er hat den Schlüssel zu einem Kombi, holt etwa zwölf Patienten da hinein und fährt mit ihnen auf einen Hügel oberhalb der Stadt. Den für Arbeitseinteilung zuständigen Hausmeister ausfindig zu machen reicht die Zeit nicht, Regenbogen stehen nicht lange am Himmel. – Nach einer guten Stunde ist man zurück. Zwei von den Patienten haben die Arztvisite versäumt.

Vor dem Abendgottesdienst bittet ein Kranker den Geistlichen, er möge doch nicht vergessen, für den wunderbaren Regenbogen zu danken – und für Manfred! Der ist diesmal nicht dabei. Heftige Vorwürfe seiner Eigenmächtigkeit wegen haben ihn zum Heulen gebracht. Bis zum Spätherbst jedoch blieb dieses Regenbogenintermezzo in Gedanken und Gesprächen der Patienten – ein „Licht, das im Finstern scheint", eins davon. –

Eine Postulantin übernimmt Putzdienste in einem Altenheim. Eine alte Frau dort bittet sie eines Tages: „Schwester, ich möchte Ihnen so gerne einmal mein Familienalbum zeigen, zu mir kommt ja sonst niemand. Morgen früh habe ich das Waschbecken und alles sonst schon geputzt, dann haben Sie doch Zeit für mich?" Die Schwester sagt ja. – Nun ist das Album aber erst zu einem Viertel durchgesehen. Darauf die Frau: „Nächsten Morgen putze ich wieder selbst, dann machen wir weiter!" Inzwischen aber erzählt sie der Zimmernachbarin, was für ein freundlicher Mensch diese junge Helferin doch sei. Als diese dann, wie verabredet, wieder bei ihr auf der Bettkante sitzt, steht die Oberin des Hauses in der Tür, schaut hin und schließt geräuschvoll hinter sich zu.

Das letzte Drittel des Albums ist noch nicht durchgeblättert. Die Postulantin fragt ihre Verantwortliche daheim, wie sie sich jetzt verhalten soll. Sie bekommt den Rat, der Oberin doch gleich zu Beginn ihres Dienstes den Zusammenhang zu erklären und für das letzte Drittel Album um Erlaubnis zu bitten. – An diesem Morgen kommt die Oberin aber erst eine halbe Stunde später ins Haus, ihr Zimmer ist verschlossen. Die Postulantin riskiert den Liebesdienst ohne sie, wird überraschend doch wieder kontrolliert und aufs Büro bestellt. Als sie eine Erklärung versucht und kein Verständnis findet, erwidert sie: „Aber wir sind doch für die Menschen da – und ich putze sowieso meist nur blankes Zeug." Darauf wird sie sofort entlassen.

Was ist das Gemeinsame dieser beiden Geschichten?

Zwei junge Menschen denken und fühlen mit ihren Kranken und Alten. Eine nicht alltägliche Situation läßt sie sofort freudig und angstlos tun, was der Geist der Liebe ihnen für sie eingibt. Dabei überschreiten sie gewisse Ordnungsgrenzen und geraten so in Widerspruch zu Instanzen, die für deren Einhaltung Verantwortung tragen. Das bringt ihnen Leid ein. Warum?

Menschliche Schwäche macht gewisse Grenzziehungen und Einteilungen notwendig auch in Häusern, die der Verwirklichung von Liebe dienen möchten und deren Mitarbeiter vielleicht alle in diese Richtung schauen. Ordnungen und Anordnungen dieser Art sind als solche aber nicht gerade Feldzeichen unserer Freiheit in Christus, sondern eher Wahrzeichen unserer menschlichen Schwäche. Wenn man als gläubiger Christ dann unglücklicherweise über solche Zäune und Grenzen auch noch zu wachen hat, wie glücklich müßte es einen da machen, wie müßte es einen befreien, wenn da mitten in einem solchen Bereich etwas geschieht, was den Zaun unerwartet durchbricht und leuchtend deutlich macht, wofür auch er da ist, wie vorläufig er aber doch ist, wenn er auch noch da sein muß!

Wie ist es nun aber denkbar, daß Christen, die sich dem Ziel ihrer Häuser und Einrichtungen verpflichtet wissen, solche Durchbrüche eher als Affront sowohl gegen den Willen Gottes wie gegen ihre Autorität empfinden und entsprechend scharf und ablehnend reagieren? – Hier muß noch anderes im Spiel sein als nur menschliche Enge. Stimmt das Gottesbild, wenn man es in der streng gehorsamen Wahrnehmung bestimmter vorgegebener, religiös motivierter irdischer Ordnungen und Gesetze gespiegelt sieht?

Joseph Ratzinger bezeichnet Christentum einmal als Geheimnis der Entgrenzung, insofern es das irdisch eingegrenzte Bisher des Menschen auf die andere eigentliche Wirklichkeit hin, die Urgrund und Bestimmung allen geschaffenen Lebens ist, überschreitet. Christentum, das ist Jesu Liebe, das ist Jesu Geist, in denen wirksam, die an ihn glauben. In Wort, Tun und Verhalten transzendiert es den bürgerlichen Horizont der Menschen und was ihn absichern will.

Nicht im Grenzbereich unserer Eigenwelt, sondern in Gott, der Himmel und Erde erschaffen hat und der Liebe *ist*, haben wir unser wirkliches Zuhause, „leben und bewegen wir uns und sind wir" schon jetzt, hier und immer, so sagt Paulus auf dem Areopag den erstaunten Athenern mit ihrem Arsenal von Götterbildern, unter denen sich auch ein dem „unbekannten Gott" geweihter Altar befindet.

Der Gedanke, daß wir mit jedem Herzschlag *in* Gott existieren, ist nun vielen Christen heute nicht weniger fremd und ungewohnt, als er es für die Heiden damals in Athen war. Deren „unbekannter Gott" ist gewissermaßen der unsere geblieben, vielleicht auch erst geworden, weil wir im Abendland mit dem Christentum zugleich unwillkürlich auch griechisch-römische Denkweise in uns aufnahmen und uns dadurch gleichzeitig, mehr als gut war, von unseren jüdisch-biblischen Wurzeln lösten, aber auch von unserem christlichen Eigenerbe, von der ur- und frühkirchlichen Verdeutlichung christlich-gemeinschaftlicher Existenz, wie sie etwa in Apg 4, 12, in Paulusbriefen und in den Schriften der Kirchenväter zur Sprache kommt. Nach und nach, mit seinem Wachstum an Zahl und Größe und seiner Anerkennung durch den Staat, gewöhnte sich das Christenvolk wieder an Eigen- und Großbesitz (und entsprechende Zäune und Todeswaffen zu dessen Sicherung). Das Streben danach wurde legitim. Nach der konstantinischen Wende sah es in der größeren irdischen Macht sogar die größere christliche Chance. Was wir in unserer Zeit erleben, ist die endzeitliche Verfestigung solcher Sicht im Weltmachtmaßstab.

Was bedeutet diese Entwicklung für unser Gottesbild? Wir glauben an Gott als den Schöpfer und Herrn, lassen diesen Glauben aber unbewußt doch wieder bestimmen von der griechischen Kategorie Götter, holen den Urgrund allen Seins, abbildbaren Göttern gleich, in menschliches Begreifen, Definieren und Sich-vorstellen hinein, machen ihn zum Gegenstand unseres Denkens und unserer Religiosität und bringen ihn so in ein Gegenüber zu uns nach dem

Schema: hier Welt und wir – dort über uns Himmel und Gott. (Gegenüber der lukanischen Urfassung des Vaterunsers „Vater, geheiligt werde dein Name" war wohl schon die matthäische Ausweitung „... der du bist im Himmel..." ein ermöglichender Schritt in diese Richtung.)

Aber sind nicht Himmel und Erde erfüllt von seiner Herrlichkeit? So singen wir doch im Sanctus der Messe. Und Jesaja hört in seiner Berufungsvision den Schrei der Seraphim: „Die ganze Erde ist seiner Herrlichkeit voll."

Wenn wir in unseren Gedanken an die göttliche Herrlichkeitsfülle – sie ist gleichbedeutend mit Gottes Wesen Liebe – die Erde ausklammern, so bringen wir Gott ins Jenseits, in eine Distanz zu uns, die dann unserem durchhaltenden Glaubenkönnen in endzeitlichen Prüfungen eine wesentliche Voraussetzung nimmt: die vertrauende Gewißheit, daß Gott, der Schöpfer, die das ganze All in sich bergende, alles Leid, alle Ängste, alle Armut, alle „Wehen" seiner Schöpfung verantwortende und tragende Wirklichkeit, mit anderen Worten, daß er die Liebe ist. – Geschieht das Irdische mit allem Schlimmen und Schrecklichen nur außerhalb von ihm, dann schaut er seinen Kreaturen lediglich zu, es betrifft ihn selbst nicht, dann richtet er, rettet er, hilft er, ja – wie es ein Allmächtiger kann. Aber warum läßt er dann das Böse, das Schlimme, das Entsetzliche in unserer Welt überhaupt zu? Warum ihn überhaupt noch anrufen? Seine Distanz zu uns scheint Abwesenheit zu bedeuten. Anders, wenn alles Geschehende in ihm, dem Liebenden geschieht, dann geht es ihn an, wie es so niemand außer ihm angehen kann, das Schöne und Gute in seiner Welt, aber auch das Banale, auch das Grauenvolle, das Schreckliche, das seinem eigenen Wesen völlig Entgegengesetzte.

Nachdem Gottes Liebe uns ins Leben rief, zieht er sie

Liebe entgrenzt

nicht mehr von uns zurück. „Wenn wir treulos sind, er ist treu, anders würde er sich selbst ja verleugnen" (2 Tim 2,13). Ja, er selbst gibt uns den Lebensodem, der uns auch Böses ermöglicht, das wir gegen ihn tun, weil er unsere Freiheit will; und er läßt dann auch weiter die Sonne über uns aufgehen, schenkt uns auch weiter den Regen, er will nicht unseren Tod, sondern daß wir uns bekehren und leben. Und damit es zu dieser Kehre kommt, schickt er uns seinen eigenen Sohn, läßt unser Böses sich gegen ihn und damit gegen sich selbst kehren bis zu seiner Annagelung an einen Galgen. Seine Liebe zu uns geht bis ans Ende. Sie will durch alle Verstockungen und Verhärtungen hindurch, die wir uns in der Abkehr von ihm zuzogen, unser Herz wieder erreichen; das in seinem Sterben für uns zu letzter Helligkeit gelangende Licht der göttlichen Wirklichkeit und Wahrheit will die Decke der Sünde und Schuld, von der unser gottebenbildlicher Seelengrund überlagert ist, durchdringen, damit wir umkehren, der Liebe wieder zu glauben beginnen, Vergebung ersehnen, die Gotteskindschaft wiedererlangen und so gerettet werden.

Hier sei einmal von menschlicher Liebe her gedacht: Wenn eine Mutter, ein Vater ihr Kind lieben, dann lebt und bewegt sich dieses Kind nicht einfach außerhalb von ihnen, es lebt gleichsam in ihnen; und wenn das Kind Wege geht, die es von den Eltern weit weg führen, dann betrifft diese das im Innersten, es beugt sie, ja es prägt ihr Gesicht.

Wenn Gott, die Liebe, uns schuf aus Liebe – welchen anderen Grund könnte sie haben? –, dann entläßt sie uns nicht aus sich. Wir leben unverbrüchlich in ihr. Nur wir können jetzt sie noch verlassen. Es gehört aber zu unserer von der Liebe uns geschenkten Freiheit, daß wir das können. Wir sollen als werdende, wachsende Erdenwesen lernen, uns in die Freiheit von Gotteskindern einzuüben, indem wir sie zum Tun der Liebe gebrauchen. Aber sie wäre nicht Freiheit, wenn wir uns nicht auch von der Liebe abwenden könnten. Dann aber geht uns das wahre Gottesbild verloren. Wir sehen uns nicht mehr in Gott als der Liebe. Sondern in dem Maße, wie wir uns von ihm distanzieren, sehen wir auch Gott als einen von uns distanzierten Gott. Und wenn wir mit dem eigenen Herzen außerhalb von Gott leben, mit unseren *Erden*zielen als den eigentlichen Lebenszielen, stellen wir uns Gott außerhalb von uns vor. Sofern wir dann dennoch, aus Gründen natürlicher Religiosität und weil wir auch jenseits unseres von Gott distanzierten Erdenlebens noch Chancen haben wollen, an Gott und Gottesverehrung denken, dann geschieht es in dem Gedanken, daß Gott uns aus jener Distanz, wie sie einmal der Moseberg Sinai symbolisierte, Weisungen für unsere Erdenexistenz gab, nach deren Befolgung oder Nichtbefolgung er uns richten wird. Den Erlöser Jesus Christus sehen wir dann gesandt als den, der sühnte, was wir dem Schöpfer an Gehorsam schuldig blieben, und der in seinem Kreuzesleiden die Brücke zur jenseitigen Welt wurde, sofern wir an ihn glauben.

Aber verbleiben wir da mit unserer Existenz nicht in unserem bürgerlichen Selbst? Ist das etwa ein Christentum, das von seinem Urgrund her als gelebte Liebe unser irdisches Bisher entgrenzt, wenn auch unter Versagen und notwendig immer neu ansetzenden Verdeutlichungen?

Jesus sagt zu Philippus: „Wer mich sieht, der hat auch den Vater gesehen" (Joh 14,9). Das bedeutet: Er offenbart Gott als Liebe, er veranschaulicht mit seinem Leben und Sterben, wie sehr und wie wirklich unser Menschendasein als das seiner Kinder den Vater angeht. Was *in* Gott ge-

Liebe entgrenzt

schieht, das geschieht nun *an* ihm, dem Menschen Jesus, der eins ist mit dem Vater. Was wir Gott antun, das läßt er sich antun als einer von uns. Dem fürchterlichen Widerspruch, den die sündige Menschheit zu Gott bildet, setzt er sich selber aus, indem er mitten unter ihr lebt, mit einer Leidensfähigkeit, die vor ihm nie ein Wesen hatte; denn wieviel einer liebt, das macht das Maß seiner Seligkeit wie auch seiner Leiden aus. Wieviel einer gut ist, soviel wird ihm das Böse zur Marter. Er erleidet (und Gott in ihm, denn Gott und Mensch sind in ihm unzertrennlich eins) je neu bis ins innerste leibhaftige Generv, was immer Liebeleeres und Böses in der Welt rings um ihn geschieht. Er erleidet es in jeder Phase seines Lebens, von früher Kindheit an bis zu seinem „Es ist vollbracht" am Kreuz. Auch alles von Gott, seinem Vater geschaffene Schöne und Gute erlebt er als Mensch wie kein anderer und dankt ihm dafür in reiner Freude, zugleich mit uns und für uns. Indem er aber alles Böse der Welt sich als Menschen treffen läßt, als einen von uns, mehr, als *den einen* Menschen mit uns, aufgrund seiner uns alle in sich bergenden und umfangenden Liebe, übernimmt er zugleich unsere ganze Menschenschuld. Gegen ihn richtet sich alles Böse, und es erschöpft sich bis zur Neige in seinem uns Sünder und unsere Sünde aushaltenden Leiden.

Aber noch ist eine Frage unbeantwortet, die das Wort „wir leben, bewegen uns und sind in ihm" in uns aufwirft.

Wir Menschen heute haben ein anderes Wissen vom Mikrokosmos und Makrokosmos als frühere Jahrtausende; wir wissen von Atomen wie von Milchstraßen und Galaxien, von unzähligen Sternenwelten (und daß unser Stern Erde einer der kleinsten von ihnen ist) – auch von den unergründlichen Leeren im All, von den kosmischen Abgründen. Um so mehr müßten wir wohl erschauern vor dem Schöpfer und Urgrund des Universums, Gott. Und daß wir in ihm leben, uns bewegen und sind, hebt zunächst den Gedanken nicht auf an die Verlorenheit eines winzigen Staubkorns im Weltall, das wir selbst sind und das im Tode nun seine Geborgenheit in einer nesthaften Umwelt, die es hier auf Erden hatte, doch verliert! Die Frage kann uns erschüttern, ja zutiefst ängstigen: Auf welche Weise werden wir in Gott sein? Gibt es ein uns Menschen gemäßes Zuhause auch in der Unendlichkeit Gottes? – Und dann noch einmal die Frage: Wenn unser Menschenleben und -wesen auch durch den Tod hindurch ein Widerspruch bleibt zu dem unendlich Heiligen, wie unser Gewissen uns mahnend sagt, weil soviel Schlechtes, das wir dachten und taten, von uns unerkannt und unbereut blieb, sich vor uns selbst und vor Gott verbarg, wo ist dann Wohnung für uns in diesem unendlichen, ewigen, heiligen Urgrund? Wenn wir an diesem Wesenswiderspruch zu Gott festhielten, so wäre die Verlorenheit eines Staubkorns im Weltall nicht zu vergleichen mit der Abweisung durch Gott, mit der Verwerfung. Das uns Menschen heute naheliegende Bild dafür wäre ein unaufhaltbar ewiger Absturz in die Abgrundtiefe des Alls.

Von daher erst ahnen wir, was es bedeutet, daß Gott uns in Christus hinein geborgen hat und birgt. Wir wohnen in Christus. Durch die Gnade des Glaubens hat der Vater unser Inneres für ihn geöffnet, so daß sein Geist in uns eindringen, sein Leben das unsere werden, seine Liebe uns prägen kann, immer neu auch mit ihrer vergebenden Macht. Aufgrund einer Wiedergeburt, die uns wesenhaft mit ihm eint, werden wir *ein* Wesen mit ihm, bilden wir, die Familie der Kinder Gottes, ein Miteinander und Füreinander, das wie ein einziger Leib mit vielen Gliedern ist, wo eines das andere ergänzt. Und diese innerste Wirklichkeit unserer Existenz im Glauben wird sich durch die Teilhabe an Jesu Tod und Auferstehung zur seligen Erfahrung vollenden! Zu seinen Jüngern sagt Jesus: „Euer Herz ängstige sich nicht: Glaubt an Gott und glaubt an mich! Im Hause meines Vaters sind viele Wohnungen; wenn nicht – hätte ich euch dann gesagt, daß ich gehe, euch eine Wohnung zu bereiten? (*Eine,* die die vielen in sich eint!) Und wenn ich gegangen bin und euch eine Wohnung bereitet habe, komme ich wieder und werde euch zu mir nehmen, damit, wo ich bin, auch ihr seid" (Joh 14, 1–3).

Die Liebe braucht, je tiefer sie ist, kein Zuhause mit vier Wänden und äußerem Komfort, sie kann eher noch in Zelten sie selbst sein, da sie dort nichts ablenkt. Sie hat ihr ganzes Zuhause im Geliebten. Unser irdisches Ambiente braucht sich nicht fortzusetzen, und wir brauchen es nicht auszubauen. Wie das kommende aussieht, das sagen unserem Glauben, der Bilder zu deuten weiß, die beiden letzten Kapitel der Geheimen Offenbarung mit ihrer Vision des himmlischen Jerusalem; seine Auferbauung ist der verborgene Sinn und Inhalt unseres Lebens schon in dieser Welt und Zeit, seit wir zum Glauben und Lieben gelangt sind. Das Lied von Silja Walter, das in unser Gotteslob einging (642), singt davon mit folgenden Worten:

> „Eine große Stadt ersteht,
> die vom Himmel niedergeht
> in die Erdenzeit.
> Mond und Sonne braucht sie nicht;
> Jesus Christus ist ihr Licht,
> ihre Herrlichkeit.
>
> Laß uns durch dein Tor herein
> und in dir geboren sein,

daß uns Gott erkennt.
Laß herein, die draußen sind;
Gott heißt jeden Sohn und Kind,
der dich Mutter nennt.

Dank dem Vater, der uns zieht
durch den Geist, der in dir glüht;
Dank sei Jesus Christ,
der durch seines Kreuzes Kraft
uns zum Gottesvolk erschafft,
das unsterblich ist."

Stufen der Entgrenzung

Mein Herz denkt an dein Wort:
„Sucht mein Angesicht!"
Dein Angesicht, Herr, will ich suchen.
Verbirg nicht dein Gesicht vor mir! (Ps 27,8f.)

Die Wirklichkeit, auf die hin wir erschaffen sind und in der wir jetzt schon unser eigentliches Leben haben, wird, unserem menschlichen Werden und Wachsen entsprechend, durch eine Folge von Entgrenzungen hindurch in Stufen erfahren. Im Glaubenslicht werden diese transparent, sofern wir die Vorstufe nicht überspringen, von der Paulus im Kontext spricht mit seinem Wort „In ihm leben wir, bewegen wir uns und sind wir". Die Vorstufe, das ist unser Suchen nach Gott; ohne Gottsuchen gibt es kein Gotterkennen.

Der Kontext: „Aus einem einzigen ließ er (der Himmel und Erde erschaffen hat und allen Geschöpfen Nahrung gibt) das ganze Geschlecht der Menschen entstehen, daß sie wohnen auf dem Erdenrund; ihre Zeit hat er befristet und ihr Wohnen begrenzt, damit sie Gott suchen, ob sie ihn wohl ertasten und finden; denn er ist ja keinem von uns fern. In ihm leben wir, bewegen wir uns und sind wir. Ja, seines Gechlechtes sind wir, wie auch einige von euren Dichtern gesagt haben" (Apg 17,24–28).

Der den Heiden „unbekannte Gott" hat also die Welt gemacht, alles was da ist. Jedes Wesen verdankt ihm Leben, Atem und Nahrung. Wozu sind wir da? Nicht weil er uns braucht, sondern weil seine Liebe will, daß wir da sind. „Er

III. Die Liebe lernen

hat unsere Zeit befristet und unser Wohnen begrenzt." – Er gab uns eine kleine Zeit zu leben, und in dieser kleinen Zeit einen, gemessen am unendlichen Weltall, winzigen Raum zum Wohnen. Was kann nun unsere Existenz bedeuten? Paulus sagt, sie hat ein Wozu und Wohin: „damit wir Gott suchen, ob wir ihn ertasten und finden". Unsere Begrenzungen sind ein Stimulans für die Suche nach dem Unbegrenzten: denn wir sind, obwohl Kreatur, „von seinem Geschlecht". Wären wir das nicht, dann gäbe es in uns nicht die Sehnsucht über unsere Grenzen hinaus, dann würden wir, den Tieren gleich, diese Grenzen gar nicht als solche verspüren. Sich in seiner Begrenztheit, seiner Bedingtheit als Geschöpf erleben, erleiden, annehmen und erkennen, bedeutet Auslangen nach dem Unbegrenzten und Unbedingten, dem Schöpfer. Ihn „suchen, ob wir ihn wohl ertasten und finden": Das ist sozusagen das von Gott selbst uns gestellte Thema und der innerste Inhalt unserer Erdenexistenz. Die Wirklichkeit Gott, durch die wir selber wirklich sind, will sich von uns finden lassen unter der Voraussetzung, daß wir uns aufmachen, um sie zu suchen und zu ertasten; eben dadurch zeigt es sich, daß uns an ihr liegt, und verwirklichen wir uns als von „seinem Geschlecht". – Die Beachtung und Wahrnehmung dieser Vorstufe von Gotterfahrung hat auch für uns Christen, nicht nur für die Heiden damals, das Leben hindurch immer neue Aktualität. Sind wir doch in eine Weltlichkeit eingegrenzt, deren Nahziele sich oft allzusehr verselbständigen und so die Sicht auf unser Letztziel versperren, was dann zum borniertem Verzicht auf die eigentliche Berufung unseres Menschseins führen kann.

Im Hymnus der Non des kirchlichen Stundenbuchs heißt es:

„Im Tageslicht, das steigt und fällt,
wird uns die Zeit bemessen,
bis uns der Tod hinüberführt,
wo alle Grenzen fallen."

In der raumzeitlichen Begrenzung seines geschöpflich-irdischen Daseins soll der Mensch den Unbegrenzten suchen, ertasten, finden – also erfahren, erkennen.

Wie die Begrenzung im Mutterschoß Voraussetzung ist für ein Werden, das ihn in der Entgrenzung durch Geburt das Licht der Welt erblicken und die Freiheit von Geist und Leib erlangen läßt, so sind entsprechend die Begrenzungen, denen der heranwachsende Erdenmensch in Zeit und Raum noch unterworfen ist, die Vorstufe und Vorbedingung für seine endgültige Entgrenzung im Tode als einer zweiten Geburt. Indem wir uns als Geschöpfe erfahren, als in unsere Grenzen Verwiesene, verlangen wir „vom Geschlechte Gottes" nach Offenbarung und Weisung des Schöpfers, die uns aus unseren Grenzen befreit. Empfangen und befolgen wir diese Weisung, dann ist der Tod nicht die endgültige Grenze unserer Lebendigkeit, sondern im Gegenteil die Entgrenzung zur endgültigen und unbegrenzten Wirklichkeit hin.

Das ist die Paradoxie und die Spannung in der menschlichen Existenz: sich in seinen Grenzen annehmen, seine Kreatürlichkeit bekennen, zugleich aber den Grenzenlosen suchen, im Gehorsam gegen ihn und in der Ermächtigung durch ihn die Grenzen seines Bisher überschreiten, sich von ihm, dem Grenzenlosen, in die von ihm gewiesene Richtung rufen lassen, in ein Terrain hinüber, das wir noch nicht kennen, das er uns zeigen wird. Mit Abraham machte Gott den Anfang ...

Falls wir jedoch die Gegebenheit unseres Geschaffenseins

in der unausweichlichen Tatsache der uns zugewiesenen räumlichen und zeitlichen Grenzen, deren letzte der Tod ist, vermessentlich nicht anerkennen, vielmehr diese Grenzen in der Erblindung für den Grenzenlosen und in der Ertaubung für seine Weisung lediglich für uns selbst räumlich auszuweiten und zu befestigen und unsere Lebenszeit einzig zu verlängern suchen, so bedeutet das die Verabsolutierung unserer Grenzen im Tod, unser Verbleiben im Tod.

Nur „wer die Wahrheit tut, der kommt zum Licht" (Joh 3, 21). Wer die Wahrheit nicht tut, Gott nicht sucht, sich nicht von ihm rufen läßt und nicht ‚kommt', weil er sich selber in seiner Endlichkeit Gott ist, kann ihn, den Unendlichen, auch nicht als Vater und sich nicht als „von seinem Geschlecht" erfahren.

Nun wäre die Suche nach dem Grenzenlosen ein hoffnungsloses Unterfangen, wenn Gott in unendlicher und unerreichbarer Ferne über uns wohnte. Aber so ist es nicht. Er ist „nicht fern einem jeden von uns". Diesen Satz überbietet dann Paulus mit dem atemberaubend erstaunlichen Wort: „denn in ihm leben wir, bewegen wir uns und sind wir". Die erste apostolische Auskunft vor Unwissenden über den wirklichen Gott reißt einen Horizont auf, der in seiner grenzenlosen Weite äußerster Gegensatz ist zu Göttervorstellungen und Götzenbildern. Er rührt an die Wurzeln unseres Menschseins und unserer Berufung überhaupt und betrifft in besonderer Weise den Urgrund unserer christlichen Existenz; die Urerfahrung und Urerwartung unseres Glaubens, das ganze Credo verbirgt sich in ihm. Nicht zufällig bildet er die Mitte einer der Sonntagspräfationen des Meßbuchs, er legt den Grund für das Verstehen der Frohbotschaft von unserem Sein in Christus. Er provoziert also nicht nur Heiden, sondern vielmehr noch uns Christen zu meditierendem Bedenken.

„In dir leben wir, in dir bewegen wir uns und sind wir", das ist ein Gebetswort, das man lange und oft mit sich gehen lassen könnte. Um so gewisser wird es einem dann aufgehen, daß und wie wir diese Wahrheit vom Beginn unserer Existenz an in konkreten Verdeutlichungen und Verwirklichungen erfahren.

Mutterschoß. In der vorgeburtlichen Phase bewegen wir uns, leben wir und sind wir in der Mutter. Gott birgt uns in ihr als in einem Du, dem wir uns verdanken, das uns trägt und von allen Seiten bergend umhüllt. Der Mensch erfährt also im Anfang seines Daseins völlige Geborgenheit in einem wissenden, liebenden, an jedem Augenblick seines Werdens beteiligten Du.

Aber vorerst ist das noch reines Empfangen ohne eigenes Tun und Erkennen, völlige Begrenzung auch der Glieder und des Geistes. Leben von einem Du her im Dunkel, ohne es im Licht des Tages zu schauen. Schlaf vor dem aufgehenden Morgen. Schon ist einer Mensch, aber noch ist nicht offenbar, was er nach der Geburt sein wird: einer von „Gottes Geschlecht", Bild Gottes, Person.

Hier geschieht erste Vorschattung des späteren adventlichen Hiatus, des Schon und Noch nicht zwischen der zweiten und dritten Daseinsstufe, zwischen Glauben und Schauen, wie es 1 Joh 3,2 beschreibt: „Schon sind wir Kinder Gottes, aber noch ist nicht ans Licht getreten, was wir sein werden. Wir wissen aber, daß wir, wenn er offenbar wird, ihm ähnlich sein werden, weil wir ihn schauen werden, so, wie er ist."

So wie der noch ungeborene Mensch erst vollends

III. Die Liebe lernen

Mensch ist, wenn er das Licht der Welt erblickt und Mutter und Vater erkennt, so wird der zur Welt geborene Mensch erst vollends Mensch, wenn er wie durch eine zweite Geburt hindurch das wahre „Licht der Welt" sieht, wenn er den erschaut, der sich selbst das Licht der Welt nennt und so die irdische Sonnenwirklichkeit auf das Urlicht hin transparent macht.

Ein Nicht-zu-Sehendes ist in der adventlichen Existenz das eigentlich Wirkliche und Wirklichkeit Schenkende.

Vorbedeutung birgt sich auch in der Weise der vorgeburtlichen Ernährung des Lebens: Der Kontakt des werdenden Menschen mit dem Blutstrom der Mutter hängt an einer einzigen Stelle; der Nabel erinnert daran. Das Heil der Welt und des Einzelnen schenkt sich von einer einzigen Stelle her, dem Lanzeneinstich in Christi Seite, aus der Blut und Wasser hervorgingen. Dieses sich auf Golgota verströmende Leben ist ursächlich und auf immer wesenseins mit dem göttlichen Lebensstrom, der den Gläubigen in Wort und Sakrament erreicht, ihm Kraft und Nahrung aus der Sphäre des Auferstandenen zuführt: So wächst und reift er dem inneren Menschen nach für die Vollendung. Tod wird Geburt, Durchbruch und Eingang in das ewige Leben, Schauen der Herrlichkeit Gottes im Angesicht Jesu Christi.

Anvertraut aber ist die göttliche Nahrung der Kirche. So ist auch sie „Mutter". Und daß wir ihr angehören, bedeutet anfangs umhüllende Geborgenheit, Schoßwärme, wie bei der natürlichen Mutter. Und wie Eltern dann ihre Kinder, wenn sie erwachsen werden, in die eigene Lebensbewältigung freigeben, so ist es der Kirche aufgegeben, die zum Christuslicht Drängenden in die Freiheit der Gotteskinder einzuüben und jeweils neu zu entlassen in die Weltbewährung hinein – nicht zu entlassen freilich aus dem Jünger-

Stufen der Entgrenzung

Wir, das sie selbst ihrem Wesen nach bleibend ist und das das innere Zuhause jedes Christen ausmacht, wo er auch lebt.

Kirche ist zunächst Religion mit ihren Brauchtümern, ihren Gebetsordnungen, ihrer Hierarchie, ihren Veranschaulichungen des Heilsweges und des kommenden Heils in Bildern, Gesängen, Gesten und Räumen. Aber die Kirche ist wesentlicher noch Glaube. Religion ist bei ihr relativ, ihre Gläubigen müssen sie unter Umständen hinter sich lassen können. Glaube, Hoffnung und Liebe bleiben auch dann ihr unverbrüchliches Erbe. Das unterscheidet sie von den Religionen vor Jesus und außerhalb Jesu, die den Menschen von allen Seiten begrenzen durch unerläßliche Riten, Kulte, Verhaltensmuster, wie sie bestimmten Ländern, Rassen und ethnischen Gruppen entsprechen.

Alle Religionen haben eine Affinität zum Mutterschoß. Christentum ist letztlich ein Geheimnis der Entgrenzung und Befreiung in die Unmittelbarkeit zu Gott, in die Mündigkeit der Gotteskindschaft, eingegründet in Christus.

Nur weil und solange wir noch Glaubensschüler sind in dieser Welt, nicht bereits im Glauben Vollendete, sondern noch Vergeßliche und in unserer Schwäche von Treulosigkeit und Abwegigkeit Bedrohte, ist Kirche auch noch Religion, auch noch Einübung in Ordnungen und Liturgien, in ein gegliedertes Wir von Christen als notwendige Voraussetzung für die Entgrenzung in Gott hinein – nur durch Gottes Geist kann sie ja geschehen.

Geburt. Der Eintritt des Menschen in das Erdendasein geschieht unter Bedrängnis: den Wehen der Mutter, der Pressung des Kindes. Geburt, erste Entgrenzung auf ein Dasein hin, das einmal Teilhabe am Leben des Unbegrenzten sein soll, ist Erfahrung der „engen Tür, die ins Leben führt" (Mt 7, 14): eine Höhle, ein Nest, ein warmes Bisher wird verlassen; das eindringende Licht wird wie eine überhelle Gewalt erfahren, es schmerzt, bevor es beseligt. Und die Freiheit der Glieder ist zunächst Frieren, Ausgesetztheit. Vor dem Freudenschrei kommt der Schrei, den Schmerz hervorruft.

Die enge Tür wird es das Erdendasein hindurch immer wieder geben, sie ist ein Lebensgesetz dieses Äons. In das Reich der Wahrheit hinein gibt es keine schmerzlosen Geburten. Anders als unter Verlassen von Nest und Höhle, das heißt von Geborgenheit in Grenzen, die die Erfahrung des Grenzenlosen noch hindern, anders als unter Zurücklassung allen Gepäcks in jener immer neu zu verwirklichenden Armut, die wie durch ein Nadelöhr hindurch in das Reich Gottes eingehen läßt, wird jene Freiheit und Weite nicht gewonnen, die doch zugleich erst unverlierbare vollkommene Bergung ist. Der Ermöglicher und Avantgardist dieser immer neuen Aufbrüche und Durchbrüche, zugleich Bereiter der „ewigen Wohnungen" ist Christus, aufgrund seiner Leiden um uns, deren Bild und Vorschattung die Wehen einer jeden Mutter sind (Joh 16, 21). „Die Füchse haben ihre Höhle und die Vögel ihr Nest, der Menschensohn hat nicht, wohin er sein Haupt lege" (Lk 9, 58), so ruft er denen zu, die ihm nachfolgen wollen. Wer nachfolgt, erweist sich als einer vom „Geschlechte Gottes". Als Mitgekreuzigter des Gekreuzigten gelangt er in den göttlichen Bereich. Es öffnet sich ihm die Wirklichkeit, in der wir leben, uns bewegen und sind, als endgültiges Zuhause.

In diesem Zusammenhang: Nabel ist Narbe des Schnitts, der ein Geschöpf vom Mutterschoß abtrennt, bleibendes Zeichen einer Wunde, ohne die es das Leben in einer neuen Daseinssphäre nicht gegeben hätte, einer Wunde, die tödlich schien und es doch nicht war; sie bildete nur den Preis einer neuen Existenzphase. So erlangen wir auch das ewige Leben nicht ohne eine entsprechende Wunde, das Mal der Scheidung von allem, was nur Höhle und Nest war. Das will sagen: nicht ohne die Entscheidung für die in und mit Christus geschehende letzte Entgrenzung, nicht ohne das Zeichen des Kreuzes. Jesus ersteht mit Wunden, mit den Zeichen der durch die Sünde der Welt bedingten und bewirkten gewaltsamen Trennung seiner Existenz vom irdischen Bisher. Ohne die entsprechende Narbe, ohne das Kreuzessiegel gelangt niemand in den kommenden göttlichen Äon.

Nur einer allein geht durch die Tür. Die „enge Tür, die ins Leben führt", ist so eng, daß jeweils nur einer hindurch kann. Geboren wird einer allein. Sterben muß einer allein. Der Ruf in die letzte Wirklichkeit, hinüber in das Reich Gottes, ergeht an den Einzelnen und macht den Gerufenen zum Einzelnen. Denn entscheiden für das Eingehen in diese Wirklichkeit muß einer sich allein. Mit dieser Entscheidung ist einer so allein, wie einer bei der Geburt allein war mit der Mutter, wie einer im Tod allein sein wird mit Gott. Dieses Ja kann ihm niemand abnehmen. Diesen Schritt des Verlassens seines Bisher kann niemand für ihn tun.

In der Furcht vor der engen Tür sucht der Mensch Schutz bei bisherigen Bindungen, bei Menschen, bei Büchern, bei Dingen, bei Verpflichtungen aller Art. Er entdeckt auf einmal alle seine bisherigen Verantwortlichkeiten und klammert sich an sie. Er schlägt die Augen nieder vor dem Blick der Wahrheit, er ist der reiche Jüngling, er geht in Deckung: in die Deckung seines Status quo. In dieser Deckung will er seine Entscheidung fällen. Oder richtiger: durch diese Dekkung will er seine Unentschiedenheit rechtfertigen. „Die Füchse haben ihre Höhlen, die Vögel ihr Nest" (Lk 9, 58): Das ist der Mensch – schlau wie der Fuchs, wenn es gilt, sich in die Erde einzugraben, sich in Löcher zu verkriechen, und emsig ängstlich bemüht wie der Vogel, wenn es ihm darum geht, sich einzunisten, sich an die Balken zu kleben.

„Der Menschensohn aber hat nicht, wohin er sein Haupt lege"; er hat sein Zuhause „in dem, was des Vaters ist". Von dem Augenblick an, da er seine Sendung antritt, liegen die Grenzen irdischer Behaustheit hinter ihm, er verkündigt die göttlichen Weiten, das Reich Gottes, er lebt dieses Reich dar, es öffnet sich in ihm, er ist selbst die Tür dahinein, in seinem Wort, seinem Werk, seinem Wesen, seinem Ruf. Wer immer diesem Ruf folgen und diese Tür durchschreiten will, darf niemand und nichts im Auge haben als ihn. Vorwegnahme der Todessituation, Wiederholung der Geburt: Zurücklassen von Höhle und Nest, von all den natürlichen Gegebenheiten, in die der alte Mensch eingelebt und an die er verhaftet ist, sei es wie mit Stricken, sei es wie mit feinen seidenen Fäden. Zwischen dieser Verhaftung und der neuen Freiheit liegt die Scheidung, die Entscheidung, liegen Vorwegnahmen des Todes schon in diesem Leben.

Warum muß das so sein? Warum gibt es nicht ein ungebrochenes Hineinwachsen aus den natürlichen Geborgenheiten in den göttlichen Bereich, aus der Welt diesseits in die Welt jenseits des Todes? Weil aus der Verklammerung an die geschaffene und begrenzte Welt das Leben und Atmen in der göttlichen Freiheit, in der Vereinigung mit dem Unerschaffenen und Unbegrenzten nicht hervorgehen kann.

Gott, die Liebe, erwählt uns vor Anbeginn der Welt zum Leben in ihm – aus Liebe. Das bedeutet aber auch: Gott

Stufen der Entgrenzung

selbst will erwählt sein. Geliebtwerden und Wiederlieben heißt Erwähltwerden und Wählen. Und es gibt keine halbe Wahl. Es gibt keine halbe Wende vom Geschaffenen, dem man verhaftet war, zum Unerschaffenen, der die Freiheit schenkt. Erst aus der ungeteilten Gottzugewandtheit geht dann eine neue Weltzugewandtheit hervor, das Entdecken einer wirklicheren Welt.

Der Ruf ins Leben durch Christus ermöglicht den vorweggenommenen Tod. Wer ihn stirbt, dem hat sich schon hier das vorweggenommene Leben im Licht zu schenken begonnen. Und in diesem Licht wird alles neu; eine neue, tiefere Verbundenheit mit den Menschen, mit der ganzen Schöpfung entsteht, die zugleich Freiheit der Liebe ist.

Solange Menschen sich rein naturhaft zueinander und zur Schöpfung verhalten, bewegen sie sich in der Zone der Schatten, des Todes. Jede nur natürliche Geborgenheit, die wir einander und die uns die Werke unserer Hände gewähren, löst sich auf. In jedem Nest nistet zugleich auch der Tod. Erst in und durch Christus verfehlt einer nicht mehr die gottgegebene Wirklichkeit des anderen und der Welt, das Eigentliche und Wesentliche der Schöpfung, ihre Transparenz und ihre Verheißung. Es gibt keine wahre Erkenntnis irgendeines Wesens, und es gibt keinen echten Zugang zur Wirklichkeit außer in der Liebe, mit der Gott die Welt liebt, außer in Jesus Christus, außer im Heiligen Geist.

Abraham gewinnt die Verheißung der ewigen Welt, indem er Chaldäa verläßt. Und er gewinnt den Verheißenen, Isaak, neu, indem er ihn opfert. Abraham glaubt, als Gott ihn in ein Land gehen heißt, das nur Gott kennt. Und er glaubt, als Gott ihm das Opfer Isaaks befiehlt und als nur Gott den Sinn des Sinnlosen weiß. Gegen jedes natürliche

Verstehen, gegen jedes moralische Verstehen gehorcht er dem göttlichen Geheiß.

In diesem Gehorsam gibt er alles her, gibt er sich und seine Zukunft und die Welt völlig in die Verfügung Gottes.

So aber wird die Welt ihm und seinen Nachkommen neu geschenkt. Nach außen ist alles beim alten geblieben. In Wirklichkeit ist das Alte vergangen, „siehe, alles ist neu geworden" (2 Kor 5, 17), alles hat nur erst durch Christus hindurchgemußt.

„Kannst du die Sterne am Himmel zählen?", so unzählbar wird deine Nachkommenschaft sein, so unermeßlich der Segen, mit dem Gott dich segnet. – Der gleiche Christus, der uns mit hineinzieht in sein Sterben, der uns darin radikal zu einzelnen macht, schenkt uns die Fülle der Gemeinschaft. Er ist das Schwert, das trennt. Aber er ist auch das Band, das unsäglich eint. Und er trennt nur, um zu einen.

„Da sagte Petrus zu ihm: ‚Siehe, wir haben alles verlassen und sind dir nachgefolgt!' Jesus erwiderte: ‚Wahrlich, ich sage euch, niemand verläßt Haus oder Brüder oder Schwestern oder Vater oder Kinder oder Äcker um meinetwillen und um der Heilsbotschaft willen und erhält nicht Hundertfältiges dafür, jetzt in dieser Zeit Häuser und Brüder und Schwestern und Mütter und Kinder und Äcker mitten unter Verfolgungen und in der kommenden Welt das ewige Leben'" (Mk 10, 28 ff.).

Jeder tritt allein in die Nachfolge, aber keiner bleibt allein in der Nachfolge. Wer es wagt, Einzelner oder Einsamer zu werden, auf das WORT hin, auf den Ruf hin, findet sich wieder in einer Wirklichkeit, die ihm hundertfach wiedergibt, was er verlor. Inwiefern hundertfach? Weil er jetzt in allem Begegnenden Gott findet, auch wenn das Begegnende widrig ist, auch wenn es kreuzigt, weil die Liebe Gottes alles verantwortet, alles darreicht – sobald einer glaubt, die Wahl erwidert, mit der er erwählt ist. Wer glaubt, „lebt, bewegt sich und ist" in Gott – seiner innersten Wirklichkeit nach. Das ist das Hundertfache, das in dieser Welt „unter Verfolgungen" Gewährte.

Unter Verfolgungen; denn von den Mächtigen dieser Erde, den Selbstsicheren und sich selbst Sichernden wird Jesus, dieser Aufscheucher aus allen Nestern, nicht ertragen – samt seinen Jüngern nicht. Die konsequent sind in seiner Nachfolge, teilen sein Schicksal, aber dieses Schicksal ist Aufgang, nicht Untergang; ist durch Leiden und Tod hindurch die Entgrenzung in die grenzenlose Freiheit der Liebe, die Gott ist; endgültige Bergung des Liebenden und der Welt, die ihm zu lieben aufgegeben ist, in Gott hinein.

Bald. Jahrmillionen hat es gebraucht bis zur Entstehung des menschlichen Gehirns mit seinen mehr als achthundert Milliarden Schaltstellen, diesem Koordinatennetz, dessen Leitungsfäden aneinandergelegt eine Entfernung soweit wie von hier bis zum Mond ergeben würden. Ihr Zusammenspiel, vom Personzentrum gesteuert, bewirkt, daß wir gleichzeitig denken, sehen, hören, fühlen, schreiben, uns erinnern, gehen, planen und wollen können.

Und nun dauert es nur neun Monate vom Augenblick der Zeugung an, bis dieses wunderbare Geschöpf, der Mensch, aus einem winzigen Saatkorn entstehend, ans Licht tritt.

Und wiederum eine unwahrscheinlich kleine Zeit, dann beginnt der Mensch, sich um sein Urlicht zu bewegen, um Gott. Im Strahlbereich dieses Du, im Leben auf diese letzte tragende Wirklichkeit hin, die sich ihm als Liebe verdeutlicht in der Mutter, im Vater, in Geschwistern, in Mitmen-

III. Die Liebe lernen

schen und später im geliebten Lebensgefährten, reift er zur Offenheit für den Ewigen, für das Schauen Gottes im Antlitz Jesu Christi und für das selige Erleben ewiger Welten, deren unermeßliche Herrlichkeit wir erahnen im Aufblick zu den Myriaden von Sternen. Schon die Tatsache, daß wir sie wahrnehmen mit Auge, Geist und Herz, ist ein Hinweis darauf, daß jeder Mensch der Berufung nach ein Spiegel des Universums ist, nie endende Aufnahmefähigkeit für das Unendliche. Wie könnte er anders ein Bild und Spiegel Gottes sein?

Die Reifung für Gott geschieht durch Bejahung und Erwiderung der Liebe, mit der einer geliebt wird, durch die innere Entscheidung für sie.

Das Stichwort aber für die Zeit zwischen unserer ersten und zweiten Geburt, zwischen unserer irdischen und ewigen Existenz gibt uns das letzte Wort des Offenbarers an die adventlich wartende Menschheit: „Ja, ich komme bald" (Offb 22,20). Wer das Wort so wirklich hört, wie es Wirklichkeit ist, erwidert es: „Amen. Komm, Herr Jesus" und bleibt im Warten, aufbruchbereit, Ihm entgegen.

Erdendasein. Die Mutterschoßexistenz wird abgelöst durch das Dasein auf der Erde, diesem vermutlich einzigen winzigen Stern im Weltall, dem Gott eine Sonne so leuchten läßt, daß Leben auf ihm entstehen, atmen, wachsen, reifen kann.

Auf einer zweiten Stufe erfährt nun der Mensch die Wahrheit, daß wir in Gott leben, uns bewegen und sind. Licht der Sonne umflutet uns, schenkt das Gedeihen der Natur, gibt uns so alles zum Leben, und in ihrem Licht schauen wir zugleich die unendlichen Weiten der Schöpfung. Der Wind weht, der Regen fällt, eine Atmosphäre umhüllt uns, mit der wir atmend kommunizieren. Und wenn wir Menschen uns, wie zuvor aus dem Lebensstrom der Mutter, so jetzt von den Früchten der Erde ernähren, so gewahren wir, wie deren Entstehen beständig den sich schenkenden, strömenden Kräften einer oberen Sphäre verdankt ist. Daß von unten her Frucht wächst, ist bedingt durch das Strahlen der Sonne, das Wehen des Windes, das Fallen des Regens. Oben und unten werden dem Menschen so zur sinnenhaften Verdeutlichung von Schöpfung und Schöpfer.

Einübung in menschliches Grundverhalten. Die ganze Frühkindstufe ist Einübung in das einzig wirklichkeitsgemäße menschliche Grundverhalten, in Urvertrauen.

Urvertrauen, das ist die bruchlose Einheit von Duvertrauen und Selbstvertrauen. Tätig werden im Empfangen; Zufriedenstellen im Gestilltwerden; Geborgenheit in der Liebe durch Erwiderung der Liebe; beginnende Partnerschaft in der Liebe, Ebenbürtigkeit, diese aber erfahren als reines Geschenk, Einübung in das „vom Geschlechte Gottes sein". Auf dem Fundament des Urvertrauens geschieht beständige Ausweitung des Liebesraumes, fortschreitende Ausdehnung eines Beziehungsgewebes, an dem das Kind selber mehr und mehr mitwebt: Vater, Geschwister, Haus, Garten, Freunde, Verwandte. Durch die Liebe haben die Eltern dem Kind mit der Geborgenheit zugleich die Offenheit und das angstlose Ausgreifen in immer neu sich weitendes Leben eröffnet. Je unbedingter und verläßlicher diese bergende Liebe in der Frühe gewährt war, desto ungezwungener und selbstverständlicher gelingt dem Kind die Selbstüberschreitung über seinen jeweiligen Status quo hinaus, um so vertrauender und mutiger wird diese gewagt. In fünf Jahren lernt ein Kind, das ungebrochen vertrauend ein verläßliches Du im Auge hat, Fähigkeiten, zu denen die

Menschheit viele Jahrtausende brauchte: eine Sprache, die Sitten einer differenzierten Kultur, Singen, Musizieren, Tanzen, Schwimmen, Spielen ...; unabgelenkt von irgendwelchen vorgefaßten Absichten, Rücksichten, Ängsten überschreitet es Schritt um Schritt sich selbst.

Für die Menschen, die Urvertrauen lernten, gilt auch weiter, das Leben hindurch: „Mit meinem Gott erstürme ich Wälle, überspringe ich Mauern" (Ps 18, 30).

Krisen. Dann kommen die Krisen: Das Beziehungsnetz Liebe zerreißt hier und dort; der Ausgriff des Vertrauens ins Unbegrenzte stößt auf Widerstand. Abel findet seinen Kain. Und Kain wartet im eigenen Selbst. Daraus entsteht Entzweiung, Unfriede; aus Entzweiung und Unfrieden aber der Drang nach Wiedervereinigung, nach Versöhnung und Frieden, nach dem Urgrund Liebe, aus dem man kam und in dem man sein Zuhause hatte; ein anderes kann es auf die Dauer nicht geben.

Damit kommt das Beziehungsfeld Kirche mehr und mehr ins Spiel, Christusverkündigung und Sakrament: Eine zuvor nicht gekannte Tiefe der Liebe wird erahnt, erfahren: der, in dem wir leben, uns bewegen und sind, als das heilschaffende Du; Christentum als Geheimnis der Versöhnung und Entgrenzung zugleich. Einer, der Feind war, wird wieder Bruder und Freund. Die Grenzen von Familie, Klasse, Rasse, Partei und Nation erweisen sich mehr und mehr als überwunden im Raum der Gemeinde, sofern diese als das Beziehungsnetz Liebe erfahren wird, das sie nach Jesu Willen sein sollte, und nicht zu einem Gefüge von religiösen Konventionen und Auflagen erstarrte oder verfiel. – Bild dieses Beziehungsnetzes ist das Netz, das Jesus dem Simon und seinen Gefährten in die Hand drückt mit den

Worten: „Ich will euch zu Menschenfischern machen." Das Beziehungsnetz Liebe, durch Gottes Geist geknüpft, rettet hinüber und hinein in den göttlichen Bereich; es ist die Gegenwirklichkeit der verstrickenden Netze des Bösen, von denen in den Psalmen und Weisheitsbüchern an vielen Stellen die Rede ist. So etwa Psalm 124,7: „Unsere Seele ist wie ein Vogel entronnen dem Netz des Voglers, das Garn ist zerrissen, und wir sind frei!"

Der reife Mensch. Endlich der reife Mensch: ein Mitwebender an dem Beziehungsgewebe Menschheit im Kosmos. Zwei Strebungen bestimmen die Knüpfung der Fäden in diesem tragenden Netz: der Zug des Menschen nach Geborgenheit und der nach Freiheit. Geborgenheit ersehnt der Mensch als nackte Kreatur. Freiheit und Weite sucht er als einer, der „von Gottes Geschlecht" ist, dessen Wesen darum nicht auf- und eingeht in die Umwandungen eines Hauses oder eines Palastes, in die Grenzen eines politischen Klein- oder Großraumes, auch nicht in die Horizonte der bloßen Natur. Der Mensch mißbraucht und pervertiert seine Freiheit, wenn er sie lediglich dazu benutzt, seine eigenen Grenzen auszudehnen, zu polstern und abzusichern, statt sie zu überschreiten auf den Grenzenlosen hin.

Die Einheit von absoluter Geborgenheit und grenzenloser Freiheit ist des Menschen beständiges Suchen und Gottes Ziel mit ihm. Das „Angeld" dieser Einheit empfängt er schon jetzt: im Glauben an Jesus Christus. Er ist unsere Bergung und unsere Befreiung. Durch Glauben sind wir, leben wir und bewegen wir uns in Christus. Er ist in uns, wir sind in ihm. Alle Beziehungen in Menschheit und Kosmos modulieren und orchestrieren die Beziehung zu ihm. Er ist das Thema der Symphonie aller Lebensverwobenheiten.

Der Auferstandene, eins geworden mit dem Urgrund allen Seins, spricht zu den Seinen: „Friede euch!" (Joh 20, 19.) Friede ist vollkommene Geborgenheit und grenzenlose Freiheit in einem.

Exkurs: Wirklichkeit und Schatten
(Notizen)

Gott ist Liebe. Liebe ist die wirklichste Wirklichkeit, sie ist das Maß des Wirklichen. Erfahrung von Wirklichkeit geschieht im Erfahren und Erwidern von Liebe.

Den Jüngern Petrus, Jakobus und Johannes wurde erste Erfahrung von letzter Wirklichkeit auf dem Tabor zuteil, in der schauenden Teilhabe an der Verklärung Jesu, seiner sichtbar werdenden Einung als Mensch mit Gott, der Urliebe. – Wenn der zweite Petrusbrief im Hinblick auf dieses Geschehen an eine Gemeinde schreibt: „Ihr tut gut, euch daran zu halten als an ein Licht, das im Finstern scheint, bis der Tag anbricht" (1, 9), dann denkt er an analoge Erfahrungen bei den zum Glauben Gelangten, denen „die Herrlichkeit Gottes im Angesicht Jesu Christi" aufging (2 Kor 4, 6).

*

Die „Tabor"-Augenblicke sind es, an denen sich unser Leben und Verhalten am zuverlässigsten orientiert, zumal in dunklen oder grauen Zeiten, wenn Schattenhaftes sich aufzudrängen droht, als sei es die Wirklichkeit.

*

Wann ist Dasein schattenhaft? Wenn einer dem anderen so etwas wie ein Schatten ist, jeder nur sich selber wirklich ist, niemand da ist, der ihn wirklich ernst nimmt. – Wann ist die wirkliche Welt erreicht? Wenn wir einer dem anderen ganz wirklich wurden.

*

Jesus kam in die Welt als „Licht aus der Höhe, zu leuchten denen, die in Finsternis und Todesschatten sitzen", das heißt denen, die die eigentliche Wirklichkeit Liebe in ihrer Umwelt nicht erfahren und gewahren, die ihre Existenz als schattenhaft und todesnah erleiden (Lk 1,79).

*

Im hektischen Betrieb unserer Leistungs- und Konsumgesellschaft herrscht das Gesetz der Überbietung des anderen und darum auch meiner selbst: Einer muß immer noch mehr können, und alles muß immer noch schneller gehen, noch reibungsloser und effizienter. Daraus resultiert in stillen Minuten, sobald man einmal nicht mitrotiert, das Empfinden von zunehmender Entwirklichung von Wirklichkeit. Max Frisch: „Technik als Kniff, die Welt durch Tempo zu verdünnen, damit wir sie nicht erleben müssen" (Homo Faber).

*

Im Jetzt ist jeweils das Leben, die Wirklichkeit. Gott ist Jetzt. Eindruck des Gespenstischen: wenn das Geschenk des Jetzt sich ständig verflüchtigt, weil Zeit nur noch erlebt wird als Überholung von Gewesenem und Einholung von Künftigem. Nicht im Jetzt leben: unwirklich leben.

Unsere Welt hat zur Zeit drei Symbole: die Autobahn, den Selbstbedienungsladen und den Schnellimbiß.

Diese Art Akzeleration scheint unaufhaltbar. Das im

physikalischen Bereich geltende Fallgesetz droht im Abfall von Gott mehr und mehr auch auf die geistig-moralische Verhaltenssphäre in ihrer Totalität überzugreifen. Die das Weltverhalten heute beherrschende Gruppe der Menschheit hat ihr Gravitationszentrum entschieden nicht mehr im Bereich der sogenannten bleibenden Werte, deren Weitergabe die Verantwortung der Generationen vor ihr war, sondern im Diesseits des Machbaren, Manipulierbaren, Kaufbaren und Genießbaren. Das Zentrum dieses Gravitationsfeldes ist das Ego Mensch. Da seine Künftigkeit keinen anderen Inhalt hat als den je größeren Anspruch, einerlei, ob er sich dabei als rein gesellschaftliches Wesen oder als Individuum versteht, so lebt er auf den je größeren Anspruch als den ihm zustehenden hin.

*

Anspruch ist weithin Lebensparole geworden. Schon das Kindergartenkind macht ihn geltend. Schulbildung verbindet sich mit Leistungsziel: Du mußt möglichst früh dafür sorgen, daß dir dieses oder jenes zusteht – Arbeitsplatz, Karriere, Geld. Später: daß dir noch mehr zusteht. Bildungsziel demgemäß: Spezialisierung, nicht Humanisierung.

*

Den auf spezielles Wissen und Können getrimmten Menschen treibt und spornt der Gedanke an die Mehrung von Möglichkeit; vorgestellt und dargestellt wird diese vor allem in Geld – Geld ist geronnene Möglichkeit – sichergestellt wird sie mit dem Anwachsen von kommerzieller, politischer, technischer und militärischer Macht, durch psychische und physische Mittel der Gewaltanwendung: Werbung ist Suggestion von Möglichkeit, Rüstung ist Drohung mit Möglichkeit. – Das bedeutet, Ansammlung von Möglichkeit wird zunehmend vorrangig gegenüber der Wahrnehmung von Wirklichkeit, das Jetzt wird jeweils aufgesogen vom Noch-Nicht. Im gleichen Maße wird alles Geschehen schattenhaft.

*

Das biblische Gleichnis dafür: Lukas 12,16–20. Dem Mann, der da angesichts guter Erträge nur auf die eigene größere Möglichkeit, die sichere Kapitalanlage bedacht ist, sagt Gott: „Du Narr, in dieser Nacht noch fordert man deine Seele von dir." Er geht endgültig in den Bereich der Schatten ein, da er die Wirklichkeit nicht wahrnehmen will.

Wo wäre für ihn Wirklichkeit gewesen? Vielleicht in einer hungernden Familie nebenan oder in einem anderen Lazarus vor seiner Lebenstür. Er hätte mit seinem Überschuß Freunde gewinnen können, die ihn die Wirklichkeit erleben ließen, oder, was dasselbe ist, „die ihn aufnahmen in die ewigen Wohnungen" (Lk 16,9).

*

Die Beschäftigung mit der je größeren Möglichkeit reduziert im Menschen auch mehr und mehr die Fähigkeit des Aufnehmens von Wirklichkeit. Jedes Organ, das nicht geübt wird, verkümmert. Wer den Leidenden nicht mehr wahrnimmt, sieht auch die Schönheit der Rose nicht.

Gewiß gibt es noch die optische Notierung von menschlichem Leiden, vor allem im Fernsehen. Aber in der Vermischung dieser Bilder mit einer Unzahl von anderen Sensationen wird mögliche Erschütterung zur Unterhaltung trivialisiert.

III. Die Liebe lernen

Die Entwicklung des Wirklichen kann nicht wirksamer geschehen als dadurch, daß dem Menschen die bloße Schauseite der Weltgegebenheiten in einem Potpourri von Aspekten ohne inneren Zusammenhang dargeboten wird.

*

Endstation in der Karriere des verlorenen Sohnes nach unten: Fütterung der Schweine mit Schoten. Die Schweine, das sind in der Bildsprache Jesu (dreimal kommen sie bei ihm vor) die unersättlichen, von keiner Seelenmitte mehr gesteuerten, nurmehr auf Sensation bedachten Sinne des Menschen: wahllos verzehren sie, was ihnen vorgeworfen wird, die Schoten, die Schalen, das vom Mark Entleerte.

*

Hölle: da, wo jeder trachtet, sich's mit dem Rücken gegen den anderen gut gehen und schmecken zu lassen,

da, wo man aufgrund eines totalen Kollektivs nur teilhat am Anspruch aller, nicht aber an der Liebe auch nur eines einzigen, wo man nicht mehr „bitte" und „danke" sagt,

da, wo jeder das Zustehende, keiner das Ungeschuldete bekommt, wo man das Überraschende und Überbordende des Geschenks nicht mehr kennt.

Vorahnung von Hölle: in Zwangsstaaten. Aber ebenso auch dort, wo Konsum- und Leistungszwänge, gesteuert und angestachelt durch Wirtschaftsmächte, die Interessen und das Verhalten von Menschen unausweichlich prägen.

*

Himmel: wo wir, der Urliebe geeint, einander in Gott, in Christus wahrnehmen, erkennen, lieben und ergänzen, in der ganzen Leibhaftigkeit unseres Menschseins und im

Austausch all unserer immer neu und anders zur Verwirklichung kommenden Gaben. – Wo nichts mehr ausgelassen wird vom Menschen, von der Familie Mensch, von der Natur, vom Schöpfungsganzen. Fehlende Leibhaftigkeit ist beim Menschen Schattenhaftigkeit.

*

Schatten und Wirklichkeit in Apostelgeschichte 12: Die Ketten und die eisernen Tore in dieser Geschichte – das will sie verkünden! – erweisen sich als unwirklich, als bloße Kreidestriche gegenüber der Wirklichkeit des Einsatzes der betenden Gemeinde und der in die Freiheit führenden Liebe, als deren Manifestation der Engel auftritt.

IV
DIE LIEBE UND DIE EVANGELISCHEN RÄTE

Die Liebe steht höher als irgendwelche Regeln.
Auf die Liebe muß alles ausgerichtet sein.
Sie ist die große Herrin, und was sie gebietet,
haben wir zu tun.

VINZENZ VON PAUL

IV. Die Liebe und die evangelischen Räte

„Gott ist Liebe." Das ist nicht nur ein Schlüsselwort der biblischen Offenbarung, sondern auch Notenschlüssel zu dem Neuen Lied, das nach der Apokalypse des Johannes (14, 1–5) nur die „lernen", die „dem Lamme folgen, wohin immer es geht", die „Jungfräulichen". Damit sind zunächst einfach Christen der „ersten Liebe" gemeint, ähnlich wie im zweiten Korintherbrief, wo Paulus eine ganze Gemeinde, „um die er eifert mit Gottes Eifer" als jungfräulich anspricht, weil sie – so hofft und so eifert er – ungeteilten Herzens auf Christus ausgerichtet ist und so im Neuen Bund ihr Leben hat (2 Kor 11, 3).

Diese „Jungfräulichen" also lernen das Neue Lied; sie lernen es durch Nachfolge, „sie folgen dem Lamme, wohin immer es geht". In dieser Lernschule waren die ersten Jünger Jesu durch drei Jahre; dann schenkte ihnen sein Geist erstmals und zeichenhaft buchstäblich das neue Lied, ein pfingstliches Gotteslob, das Menschen aller Sprachen und Nationen ringsum für die Froh-Botschaft öffnete, die Petrus ihnen verkündete. Die göttliche Schönheit öffnet das Herz für die göttliche Wahrheit.

Wieviel kommt auf das Neue Lied an, wenn das Evangelium wache Ohren findet und überzeugen soll! Unser ganzes Leben sollte es singen, und unsere „zusammenklingende Liebe" es bezeugen (Ignatius an die Epheser).

Dem Lernen des Neuen Liedes dienen die evangelischen Räte (die vielen der Bergpredigt; man hat sie auf drei reduziert, wobei diese drei in gewisser Hinsicht alle anderen in sich enthalten). Sie gehen nicht nur einzelne Christen an, sondern, was ja selbstverständlich sein sollte, Gemeinschaften, Kommunitäten und Gemeinden als ganze, ja diese zuerst – so sollte es sein! –, da in ihnen der einzelne die Räte befolgen lernt.

Armut

Jesus ist arm. Jesus war arm. Warum? Weil Gott arm ist. Denn wenn man Armut an der Habe mißt, die einer für sich hat, und mit der Frage, wieviel oder wie wenig, dann ist Gott völlig arm. Gott ist, er hat nicht, denn er ist Liebe. Je wirklicher Liebe ist, um so gewisser behält sie nichts für sich, sondern schenkt alles. Gott ist die Liebe, das bedeutet: Er „besitzt" nichts, er hält nichts fest, er schenkt. Er schenkt sich dem Sohn, und er schenkt den Sohn uns, um uns an dessen Sohnschaft zu beteiligen und durch ihn und mit ihm an seiner eigenen Seligkeit. Alles, was Gott ist, was er schafft und tut, hat den Sinn und das Ziel der Schenkung. Alles Geschaffene ist dazu da, daß es am Ende, wenn das Ganze der Schöpfung zur Vollendung gelangt, in Gott hinein geschenkt und verklärt werde, Dasein als ein nie endendes Beschenktwerden und Weiterschenkendürfen erfahre.

Gott sagt also nicht und nie: Das ist *mein* Besitz. So lange wir noch so sagen und entsprechend handeln, nicht hergeben, sondern festhalten, was der Liebe gehört, verhalten wir uns gottfremd. Es geschah etwas wie eine Spiegelung des göttlichen Verhaltens in den ersten Gemeinden, wenn es da von ihnen heißt: „Keiner sagte von seinem Besitz, daß ihm etwas gehöre" (Apg 4,28). Sie hatten noch Besitz, aber er war bei ihnen in die Verfügung der Liebe gekommen, diente frei dem anderen, diente allen, so wie die Liebe, die alle frei will, es jeweils nahelegte. Das war Jesu Geist. Jesus lebte von der Liebe des Vaters, aber auch seiner Menschenbrüder und -schwestern, in denen der Vater die Liebe zu ihm weckte. Und wie er Liebe empfing, so schenkte er sie, das bedeutet für ihn: Er konnte nie weniger schenken als sich, auch wenn er schenkte, was er je etwa hatte. Und er hatte nie etwas, was er für sich behalten oder gehortet hätte, was nicht dem Schenken diente.

Armsein heißt angewiesen sein auf Beschenktwerden, wie Jesus es bei seiner Geburt war und sein Leben lang durchhielt. „Gib mir zu trinken!", so hebt – zeichenhaft – sein Gespräch mit der Samariterin an (Joh 4, 7). Er läßt sich geben, bevor er gibt. Er läßt anderen den Vortritt im Geben. Er läßt Gott, seinem Vater, den Vortritt. „Alles, was der Vater mir gibt, das kommt zu mir", sagt er (Joh 6, 37). – Alles, nicht alle. Er hat nichts, es sei denn, es komme vom Vater, er nimmt sich nichts selbst, er sorgt sich nicht um sich selbst. So läßt er auch nicht seine Möglichkeiten spielen – die seines Geistes, seiner Intelligenz, seiner inneren Macht –, um von sich aus etwas zu erreichen, Steine in Brot zu verwandeln, Eindruck zu machen, Menschen von außen zu verändern, ein Programm für sie abzuwickeln. Er weiß, jede Veränderung des Menschen außerhalb der Liebe verändert ihn nicht zu Gott hin, sondern wieder nur zum Tod hin. Er läßt sich den Menschen so geben, wie er ist, in seiner Sünde, seinem Elend, seiner Mißgestalt. So wie er ihm gegeben ist und begegnet, liebt er ihn, und seine Liebe allein verändert ihn, von innen her, von Gott her. Selber arm, liebt Jesus den Armen.

Die Armut in Gemeinschaften und Orden hat ihren besonderen Sinn im konsequent gelebten Miteinander und Füreinander. Von den ersten Christen heißt es: „Die Gläubigen waren ein Herz und eine Seele, und auch nicht einer sagte von seinem Besitz, daß ihm etwas gehöre, sondern sie hatten alles gemeinsam" (Apg 4, 32 f.). Die Seligkeit der Armut gründet in dem Entschluß, nichts in Unverbundenheit, nichts außerhalb der Liebe haben, verbrauchen oder aufbewahren zu wollen. Seine Freude findet man im Teilen, alles soll der Liebe gehören, sie soll es abrufen, es soll ihr dienen. Umgekehrt kommt man sich dann wie verurteilt vor, wenn man auf etwas Eigenem sitzenbleibt, für sich allein damit.

Teilen beginnt mit dem verbalen Mitteilen: man sagt dem anderen der Gemeinschaft, was und wieviel man hat. Das ist der Armut erster Schritt und vielleicht, wie alles erste, ihr wichtigster Schritt. Wie sollte man ihn zurücknehmen! So bewahrt der Arme sich davor, daß er der Liebe etwas raubt, es vor ihr versteckt; er würde sich dann ja selbst vor ihr verstecken und dabei noch so tun, als ob er ein aufrichtig Liebender wäre. „Nicht Menschen hast du belogen, sondern Gott", das bekommen Hananias und Saphira zu hören (Apg 5, 4), die Hingabe nur heucheln, indem sie einen Teil ihrer Habe insgeheim für sich behalten. Das Licht, das in dieses Dunkel leuchtet, ist dann so strahlend, daß es sie auf der Stelle sterben läßt.

Und wenn man allein lebt? Nichts unverbunden mit Gott und ohne einen Gedanken an Mitmenschen zu sich nehmen! Ihm zuerst danken, wenn auch vielleicht nur mit einem winzigen Hinheben des Gegebenen nach oben oder einem inneren Aufblick. So es je neu empfangen! Nichts ohne Liebe, nichts außerhalb der Liebe! Die Liebe ist das Leben. Außerhalb der Liebe ist der Tod.

Jesus ist gewaltlos. In der Konsequenz der Armut Jesu lag sein Verzicht auf die Waffen dieser Welt, lag seine Gewaltlosigkeit. Ein Armer, das ist ein Waffenloser. Als der Bischof von Assisi den heiligen Franz daraufhin ansprach, ob es denn angehe, so völlig ohne Besitz zu leben, erwiderte dieser: „Herr Bischof, wenn wir Besitz hätten, dann müßten wir ja auch Waffen haben. Und wo Waffen sind, da ist des Streitens kein Ende!"

Jesus ist gewaltlos, weil Gott gewaltlos ist. Gott zwingt nicht. Er vertraut. Und sein Vertrauen siegt. Zwingherren sind Gottes Widersacher. Die Urliebe gibt frei, und durch Jesus führt Gott auch uns zur Freiheit der Liebe. Jesus will, daß seine Jünger in dieser Freiheit durchhalten, und daß sie so anderen aus Zwängen und Ängsten heraushelfen. Gott will nicht, daß auch wir Christen auf immer schrecklichere und tödlichere Gewalt setzen, sobald es um Politik geht.

Das in Ewigkeit gültige Zeichen dafür ist der auf Golgota aus Liebe zu uns Gekreuzigte. Aus politischen wie religiösen Gründen kreuzigte man ihn ... „sonst nehmen die Römer uns das Land weg".

Ausgerechnet von dieser Stelle der absoluten Wehrlosigkeit aus hat Jesus die Welt der Macht des Bösen entrissen und aus abgründiger Todesangst befreit. Gewaltlosigkeit gehört wie die Armut zum Mysterium der Liebe.

Für die Gewaltlosen, die in der Liebe Standhaften, hat Gott eine eigene Verheißung von Seligkeit, die dritte: „Sie erben das Land." Das bedeutet: Sie gewinnen Terrain ohne Gewalt, ohne einen Schwertstreich, und am Ende das ganze Territorium, die ganze der Menschheit zur Beherrschung anvertraute Welt. Zur Herrschaft über die Erde berufen sind die Armen vor Gott, die Liebenden, die ihren Mitgeschöpfen keine Gewalt antun, die sich ihrer nicht bemächtigen, um sie für sich auszubeuten oder aus Angst, sondern Mitgeschöpfe Gottes in ihnen sehen.

Jungfräulichkeit

Erste Liebe: Das Geheimnis der Jungfräulichkeit. Jesus lebt nicht in irdischer Ehe und Familie, er lebt und stirbt – das ist seine Sendung – für die Gottesfamilie, die durch ihn, durch das Wort der Wahrheit „von oben" gezeugt, ihr eigentliches und bleibendes Leben in der Liebe findet: Der Heilige Geist gießt sie in ihre Herzen aus.

Und er ersieht sich Menschen – der Vater gibt sie ihm –, die sich von seinem Wesen und Wort so erreichen lassen, daß er ihr Leben ganz bestimmt und erfüllt. So sind sie ein Leuchten der kommenden Welt, ein Verheißungszeichen für viele, „Stadt auf dem Berge", die in den Niederungen dieser Welt nicht verborgen bleibt und viele zum Aufbruch nach oben hin bringt.

Es gibt ein Wort im Markusevangelium, das wohl für jeden zur Jungfräulichkeit, zur bleibenden „ersten Liebe" Berufenen, gilt: „Da schaute Jesus ihn an und liebte ihn." So heißt es in der Geschichte des jungen Menschen, der nach dem ewigen Leben fragt. Wer diesen Blick Jesu erwidert, sich nicht von ihm abwendet (weil er sein Bisher nicht loslassen will), empfängt die Kraft, sein Bisher zu verlassen. Und wer Jesus dann nicht mehr aus dem Auge läßt, nicht schräg und schräger geneigt sich allmählich wieder von ihm entfernt, nimmt viele mit auf dem Weg der Nachfolge, ohne daß er weiß wie.

Das Geheimnis der Ehelosigkeit als Jungfräulichkeit ist die Person Jesu selbst, ist der Urgrund Liebe, der sich in ihm öffnet.

Die Berufung zur Jungfräulichkeit hat es in besonderer Weise mit der sechsten Seligpreisung zu tun: „Selig die reinen Herzens sind, denn sie werden Gott schauen." Was mich einmal selig machen soll, muß dem tiefsten Verlangen in mir entsprechen. Den Herzensreinen wird die Schau Gottes verheißen; das beginnt damit, daß sie Jesus im Glauben sehen und nicht mehr aus dem Auge lassen möchten. (Noch einmal: das gibt es auch in der Ehe.)

Das gesunde Auge. „Ist dein Auge gesund, so ist der ganze Leib im Licht." Auch dieses Bergpredigtwort (Mt 6, 22) gilt dem Jungfräulichen, dem Menschen der ersten Liebe. Ein „gesundes" Auge hat, wer Gott im Auge hat mit dem, was er sucht, sieht, denkt, redet, tut: So bewegt sich seine ganze leibhaftige Existenz im Strahlbereich des Lichtes der Welt.

Es macht einen Unterschied aus, ob einer Not hat, Gott und seinen Offenbarer Christus nicht wieder aus dem Auge zu verlieren, oder ob einer wirklich und letztlich nur noch ihn im Auge hat und so alles im Licht des Einen sieht, auf ihn und die Einheit hin – das ist die Berufung der Jungfräulichen. Was sie für viele zu verdeutlichen haben, ist die Heilswahrheit, daß unsere Rettung mit Absicht zusammenhängt. Wie wir zuinnerst motiviert sind, das entscheidet über unser ewiges Leben. Immer neu sind wir gefragt, ob wir uns für das Licht entschieden haben, oder ob wir die „Finsternis", unsere von selbstischen Wünschen gesteuerte Welt mehr lieben.

Mensch, worum geht's dir? „Nicht mehr sich selbst leben, sondern ihm, der für uns gestorben und auferstanden ist", das ist nach dem zweiten Korintherbrief (5, 15) die Taufkonsequenz. Den Eigennutz als Motiv haben, das ist der alte, todgeweihte Mensch. Für Christus leben, in Erwiderung seiner Liebe, das ist der Wiedergeborene.

Die erste Gewissensfrage eines Christen, der sich als solchen ernst nimmt, sollte lauten: Mensch, worum ging's dir? Worum geht's dir? Ganz werden wir den Schatten der Selbstsucht in diesem Leben nie los. Aber das Evangelium hilft uns, ihn nicht zu verdrängen, sondern mit dem Licht zu konfrontieren. Das Licht nimmt ihn weg. „Alles, was ins Licht gerückt wird, wird Licht" (Eph 5, 13).

Jungfräulichkeit

Zum Charisma des Jungfräulichen gehört ein sicheres Kennzeichen: Die Linke weiß bei ihm nicht, was die Rechte tut; er ist nicht imstande, aufzurechnen oder vorzurechnen, was er je etwa Gutes tat; über einen unnützen Augenblick hinaus behält er es einfach nicht. Darum wird er auch niemals eines Tages vorwurfsvoll sagen oder auch nur denken können: Dies und das habe ich getan, und das ist der Dank dafür, sondern die Ursache für Ablehnung. Danklosigkeit, Erfolglosigkeit, die er etwa erfährt, eher im eigenen Versagen vermuten oder einfach im Willen Gottes.

Am Jüngsten Tag wird er zu denen gehören, die Jesus erstaunt fragen: Wann haben wir dir denn das getan?

Sie haben es nicht behalten, sie haben einfach geliebt und nicht auf sich selbst geschaut. Was wir von unseren Taten als eine Art Ausweis selber behalten und einmal vorrechnen, das haben wir nicht wirklich ihm, sondern uns getan; wie behielten es, gaben es also gar nicht wirklich her. So konnte er es nicht behalten; solche Werke folgen uns nicht nach, sie sind tot, sobald wir tot sind. Aber umgekehrt: Was wir nicht behielten, einfach weil wir liebten, das behält er, selbst den Becher Wasser; er ist unendlich dankbar.

Entsprechend behält der Jungfräuliche auch, was andere ihm Liebes taten. Da hat er ein gutes Gedächtnis; es speichert alles auf, was in den Begegnungen seines Lebens Licht war und vom Licht kam. Seine innere Optik geht ja beharrlich auf Licht, darum erkennt und entdeckt er es auch da noch, wo andere nur Dunkel sehen. Der Jungfräuliche hat in der Regel etwas eigenartig Strahlendes in Auge und Wesen, das ist der Widerschein des Lichtes, das er beständig wahrnimmt, weil seine Absicht rein ist. Darum ist seine Grundstimmung auch Freude, sein Geist ist ein Ja-Geist, denn Gottes Ja ruht auf ihm.

IV. Die Liebe und die evangelischen Räte

Gehorsam

Wem gehorcht Jesus? Jesus war gehorsam. Wem? Dem Urgrund Liebe, dem Vater.

Als Mensch hatte er diesen Gehorsam durch einen Leidensprozeß hindurch zu lernen. Denn er wuchs auf in den Grenzen seines Volkes und des mosaischen Gesetzes. Er lebte und liebte das Gesetz gewiß, insofern es ein Advent auf das Reich Gottes hin war, eine Lernschule für das zu seiner Bestimmung heranreifende messianische Volk. Seine vielen Einzelbestimmungen sind „Knoten im Taschentuch, die uns an IHN erinnern", sagte ein heutiger Rabbi. Jesus hat diese Knoten gewiß liebevoll mitgeknüpft, aber er hat gelitten unter Buchstabenvorschriften, die den Horizont der Menschen wie Endgültigkeiten umstellten, statt ihn mehr und mehr zu öffnen auf das adventliche Ziel, die kommende Gottesherrschaft hin.

Von seiner Jordantaufe an vollzog er diese Öffnung selbst in der Vollmacht seiner Sendung und seines Geistes. Er verwirklichte Reich Gottes in Machttaten der göttlichen Liebe, er heilte immer wieder am Sabbat. Er nahm sich derer an, die das Gesetzesverständnis damals meinte abschreiben zu müssen, weil sie die mosaische Vorschrift nicht zu erfüllen vermochten, nicht einmal kannten, der Blinden, der Lahmen, der Bettler.

Er setzte sich mit Zöllnern und anderen Gesetzlosen an den Tisch, er berührte Aussätzige. Alle diese Menschen, die ihm „der Vater gab" (Joh 6, 37), waren gleichsam Aufhalter auf seinem Weg nach Jerusalem, wo sich alles erfüllen sollte. Bevor er dorthin kam, stand schon der Todesbeschluß über ihn fest.

Er hätte sein Volk und Land rechtzeitig verlassen können, um, wie es Paulus später im Gehorsam gegen den Gekreuzigten und Auferstandenen zu tun hatte, den Heiden das Evangelium zu verkünden. Er hätte längst früher auch die unerhörten Möglichkeiten seiner Intelligenz, seiner theologischen Tiefsicht und die Macht und den Charme seiner Persönlichkeit ins Spiel bringen können, um in Jerusalem rechtzeitig Anhänger, ja Multiplikatoren seiner Botschaft unter den maßgebenden Schriftgelehrten zu finden, aber auch um das Volk auf seine Seite zu bringen. Er tat es nicht. Liebe und Erbarmen sind zuerst da für die, die sie am meisten brauchen. Licht schenkt sich denen, die an ihrem Dunkel leiden. Die Letzten sind die ersten für die Liebe.

Gehorsam in Bindung an die Gemeinschaft. Wie Jesus, und in seiner Gnade, gehorcht der Mensch in seiner Nachfolge der Urliebe, in Bindung nunmehr an die von Jesus gestiftete Jüngergemeinschaft, die Kirche, das Volk Gottes nun aus Juden und Heiden. Durch sie und über sie, die wurzelhaft in Israel begründet bleibt, will sich das Heil allen Völkern schenken. Sie ist nach Jesu willen die „Stadt auf dem Berge", ihr Niveauunterschied zu den Glaubenslosen besteht in der Liebe, in der grenzenlosen Liebe Jesu, an der sie teil hat. Als diese „Stadt" aber, als die inzwischen über den Erdkreis hin ausgedehnte Jüngergemeinde, kann auch sie nicht ohne „Gesetz" auskommen, nicht ohne Ordnungen, Weisungen und Strukturen, deren Verbindlichkeit und Beachtung den Bestand einer Gemeinschaft bewahren und tradieren helfen.

Ordensgemeinschaften, die Wesen und Wirklichkeit von Kirche in besonderer Weise zu verdeutlichen suchen, kennen entsprechende „Regeln", die eine gewisse Begrenzung für die Einzelnen bedeuten, die diese aber in Freiheit beja-

IV. Die Liebe und die evangelischen Räte

hen und auf sich nehmen, weil sie das Geheimnis der Entgrenzung, das die „Stadt auf dem Berge" als ganze ist, mit ermöglichen. Kirchengesetze und Ordensregeln können andererseits nie die gleiche Bedeutung haben wie das altbundliche Gesetz, so als habe Christus etwa nicht durch seinen Geist das Gesetz Gottes in das Herz eines jeden seiner Jünger hineingeschrieben.

Ziel und Verpflichtung für alle ist letztlich die grenzenlose Liebe. Christentum – noch einmal – ist ein „Geheimnis der Entgrenzung" (J. Ratzinger) aller Buchstabenzäune und Angstbarrieren. Aber das gilt es zu lernen: Entgrenzen in Gottes Reich hinein kann uns begrenzte Menschen nur Gottes Liebe, nicht unser Eigenwille. Hier braucht es Unterscheidung der Geister und ein (nie ganz beendetes) Noviziat. – Entgrenzen wir uns selbst, eigenem Wünschen und Wollen folgend, über die Gehorsamsgrenze hinaus, die Gott uns in der Kirche, im Orden, gezogen hat, so entgrenzen wir uns nach der falschen Seite. Jenseits dieser Grenzen läßt seine Liebe uns dann erfahren, daß Eigenmacht in Ohnmacht umkippt. Das gilt übrigens auch, wenn wir aus Leistungsehrgeiz oder falschen Rücksichten Grenzen, die unserer leiblichen Verfassung und unseren Nerven gezogen sind, eigenwillig überschreiten.

Auch in Orden kann es zur Grauzone kommen, zum „Milieu", zu schlimmen Verfestigungen von Bräuchen, zu Gewohnheiten, die nicht Gottes Wohnung sind. Daraus kann dann für den, der an der „ersten Liebe" festhält, die Versuchung entstehen, sich zu empören, das Ja zu den Brüdern und Schwestern aufzugeben, wenn es auf ihr mürrisches Nein trifft. Einer kann dann die Geduld mit sich selbst und den anderen aufgeben, er kann an Flucht, an Austritt denken. Jesus blieb dreißig Jahre hindurch in der armseligen Stadt Nazaret. Und erst auf das Sendungszeichen des Vaters bei der Jordantaufe hin bricht er auf, um das Reich Gottes zu verkünden. Und als sich der Widerstand gegen ihn verendgültigt, stirbt er lieber durch Israel und dann für Israel als erstes unter den Völkern, als daß er ihm den Rücken kehrte.

Das Wächteramt. Es ist das Wächteramt der „Oberen" (das ihnen unsere Liebe in Freiheit zugesteht), uns vor eigenmächtigen Grenzüberschreitungen in progressiver Loslösung von der Gemeinschaft oder gar von unserer Berufung zu bewahren. – Die Paradieseswächter (Gen 3,24) trugen ein loderndes Flammenschwert. Ein objektives Leuchten Gottes ist um alle, die ein Wächteramt von Gott haben, das der Entscheidung und der Entschiedenheit für ihn dienen soll. Aber wie sehr müssen sie selbst dann für Gott Entschiedene und Flammende sein, wie sehr sich hüten vor dem leisesten Wunsch, daß man sich ihrem eigenen Willen füge! Wenn Menschen über Menschen herrschen wollen, sind sie Jesu Widersacher. In der Kirche geht es um seine Herrschaft und Herrlichkeit, damit Gott alles in allem sei!

Verse einer ersten Liebe

Aus: Manfred Hausmann, Gelöstes Haar, Japanische Gedichte von Toyotama Tsuno. Copyright 1974 bei: Verlags-AG Die Arche, Zürich. Die jungverheiratete Japanerin erkrankte bald nach ihrer Hochzeit an Tuberkulose und starb einen frühen Tod – in der „ersten Liebe" (1928). Ihre „Haikus" (eine japanische Gedichtform) sind ähnlich wie das Hohe Lied transparent für den göttlichen Urgrund Liebe und das Geheimnis des Neuen Bundes. Die den Versen beigefügten Schriftstellen weisen jeweils darauf hin.

IV. Die Liebe und die evangelischen Räte

Wie neu die Welt geworden ist,
ich sehe alles   Lk 24, 31; Offb 21, 5
mit seinen Augen.

Die anderen hören,
was du sagst;
ich höre,
was du nicht sagst.   Mt 13, 11

Seit ich dich liebe,
bin ich nur ich,
wenn ich nicht mehr ich bin.   Gal 2, 20

Jeden Abend lege ich meine Stirn
auf die Türschwelle;
sie ist das letzte,
das er berührt hat.   Joh 10, 7

Immer neue Wogen
donnern herab
und schäumen davon,
aber der Wasserfall bleibt derselbe.   Apg 2, 17

Seit ich Nacht für Nacht
auf seine Schritte warte,
weiß ich erst,
wieviel Geräusche
in der Stille geschehen.   Lk 12, 36; Offb 3, 20

Immer liebe ich dich,
am tiefsten aber,
wenn du mich belügst.   2 Tim 2, 13

V

IN DER LIEBE – FERN DER LIEBE

Eine Menschheitsparabel
Lukas 15, 11–31

Ein Mann hatte zwei Söhne. Der jüngere sagte zum Vater: Vater, gib mir den Anteil am Vermögen, der mir zusteht. Da teilte er das Vermögen unter sie. Und wenige Tage darauf packte der jüngere alles zusammen und zog fort in ein fernes Land. Dort verschleuderte er sein Vermögen in einem heillosen Leben. Doch als er alles durchgebracht hatte, kam eine große Hungersnot über jenes Land, und er begann Mangel zu leiden. Da ging er hin, drängte sich einem Bürger jenes Landes auf, und der schickte ihn auf seine Felder, die Schweine zu hüten. Gern hätte er den Magen mit den Schoten gefüllt, welche die Schweine fraßen, doch niemand gab sie ihm. Nun ging er in sich und sagte: Wie viele Taglöhner im Haus meines Vaters haben Überfluß an Brot, ich aber gehe hier vor Hunger zugrunde. Ich will mich aufmachen und zu meinem Vater gehen und zu ihm sagen: Vater, ich habe gesündigt gegen den Himmel und vor dir. Ich bin nicht mehr wert, dein Sohn zu heißen. Stell mich einem deiner Taglöhner gleich. So machte er sich auf und kam zu seinem Vater. Als er noch weit entfernt war, sah ihn sein Vater und ward von Erbarmen bewegt. Er lief ihm entgegen, fiel ihm um den Hals und küßte ihn. Der Sohn aber sagte zu ihm: Vater, ich habe gesündigt gegen den Himmel und vor dir. Ich bin nicht mehr wert, dein Sohn zu heißen. Der Vater aber sagte zu seinen Knechten: Rasch, holt ihm das beste Kleid heraus und zieht es ihm an. Gebt ihm einen Ring an den Finger und Sandalen an die Füße. Bringt das Mastkalb herbei und schlachtet es, dann wollen wir essen und ein Freudenfest feiern; denn dieser, mein Sohn, war tot und ist wieder aufgelebt, er war verloren und ist wieder gefunden. Und sie begannen ein Freudenfest zu feiern.

Sein älterer Sohn aber war auf dem Feld. Er kam, näherte sich dem Haus und hörte Musik und Reigenlieder. Da rief er einen der Knechte herbei und erfragte, was das bedeute. Der aber antwortete ihm: Dein Bruder ist gekommen. Da hat dein Vater das Mastkalb schlachten lassen, weil er ihn gesund zurückerhalten hat. Er aber ward zornig und wollte nicht hingehen. Doch sein Vater kam heraus und bat ihn. Er aber antwortete dem Vater: Sieh, so viele Jahre diene ich dir; nie habe ich dein Gebot übertreten, und du hast mir nie auch nur ein Böcklein gegeben, damit ich mit meinen Freunden ein Freudenfest feiern konnte. Als aber dieser, dein Sohn, der sein Vermögen mit Dirnen verschleudert hat, kam, hast du ihm das Mastkalb schlachten lassen. Er aber sagte zu ihm: Kind, du bist immer bei mir, und alles Meine ist dein; doch es galt, zu feiern und sich zu freuen; denn dieser dein Bruder war tot und ist wieder aufgelebt, er war verloren und ist wieder gefunden.

Eine Menschheitsparabel (Lukas 15, 11–31)

I

1. Das Gleichnis vom verlorenen Sohn hieße zunächst richtiger das Gleichnis vom barmherzigen Vater. Wer und wie Gott wirklich ist, denkt, handelt, das will Jesus mit dieser Geschichte jenen Pharisäern und Schriftgelehrten nahebringen, die sich darüber entrüsten, daß er sich offenbar mit Vorliebe der Zöllner und Sünder annimmt, ja mit ihnen zu Tisch sitzt.

Zwölfmal läßt der Evangelist das Wort Vater in dieser Erzählung vorkommen; in den lukanischen wie in den johanneischen Texten haben die Zahlen als solche wie auch die Zahl bestimmter wichtiger Worte oder anderer Gegebenheiten, wo immer sie in bestimmtem Zusammenhang einen Akzent tragen, ihren eigenen Stellenwert. Ziffern wie 3, 4, 7, 12 haben die ganze Bibel hindurch Symbolbedeutung, auch in der Addierung und der Multiplizierung. Drei ist in der Regel die Zahl des göttlichen Bereichs, vier die des irdischen; dreimal vier gleich zwölf deutet auf die Durchdringung des Irdischen mit dem Göttlichen.

In der Umkehrkrise des jüngeren der beiden Söhne (die stattfindet, als keine Hand mehr da ist, die ihm gibt) kommt dreimal das Wort Vater vor – zuerst als Erinnerung, dann als Sehnsucht, dann als Entschluß. Zunächst dringt das Wort wieder bei ihm durch im Zurückdenken an das Haus seines Vaters, darauf spricht er zu sich selbst: „Ich will mich aufmachen und zu meinem Vater gehen", dann fährt er fort: „Ich will zu ihm sagen: Vater, ich habe gesündigt gegen den Himmel und vor dir, ich bin nicht mehr wert, dein Sohn zu heißen, halte mich wie einen deiner Tagelöhner."

Der ältere Sohn bringt in der Empörung über das Festmahl, das dem jüngeren bereitet wird, das Wort Vater nicht ein einziges Mal heraus ebensowenig wie das Wort Bruder. Es bleibt offen, ob die Zurede des Vaters in ihm eine Veränderung bewirkt – ob die Pharisäer und Schriftgelehrten das Gleichnis als die an sie selbst gerichtete Zurede des Vaters verstehen und Jesu Zutischsitzen mit den Sündern als das bereits begonnene Festmahl mit dem verlorenen Bruder, dem Sünder, im Reiche des Vaters.

2. Den heimkehrenden verlorenen Sohn sieht der Vater von weitem, er hat also nach ihm ausgeschaut, er sieht ihn als erster, als er noch weit entfernt ist, so weit entfernt, wie er verloren war. Dieses „Sehen" (vom Sohn, solange er beim Vater war, erwidert) ist von der Art, daß es mit der Erinnerung an die Brotfülle im Haus des Vaters in ihm auch das innere Sehen und das Sehenwollen dieses Vaters wieder hervorruft.

Der Heimkehrende sieht den Vater noch gar nicht, da läuft dieser ihm schon entgegen, breitet die Arme aus, fällt ihm um den Hals und küßt ihn, damit sein Mund mit dem Wort Vater sogleich die ganze Sohneswahrheit wieder aussprechen könne, so daß vom Tagelöhner gar nicht mehr erst die Rede sein braucht, wenn er das Bekenntnis abgelegt hat: „Ich habe gesündigt gegen den Himmel und vor dir."

„Das ist die Liebe, daß wir nicht Gott geliebt haben, vielmehr, daß er uns zuerst geliebt und seinen Sohn gesandt hat als Sühne für unsere Sünden" (1 Joh 4, 10). – Das inkarnierte Bild der dem Heimkehrenden sich entgegenbreitenden Arme des Vaters sind die ausgebreiteten Arme Jesu am Kreuz.

3. „Rasch", sagt der Vater dann zu den Knechten und schneidet damit dem Heimgekehrten das Wort ab, mit dem er sich selbst zum Tagelöhner erniedrigen wollte, „rasch, holt ihm das beste Kleid heraus und zieht es ihm an. Gebt ihm einen Ring an den Finger und Schuhe an die Füße ..., bringt das Mastkalb herbei und schlachtet es, dann wollen wir essen und ein Freudenfest feiern!"

Wie eine Auslegung dieser Worte hört sich der kirchliche Text des Sakramentes der Versöhnung an: „Gott, der barmherzige Vater, hat durch den Tod seines Sohnes die Welt mit sich versöhnt und den Heiligen Geist gesandt zur Vergebung der Sünden. Durch den Dienst seiner Kirche schenke er dir Verzeihung und Frieden." Die Knechte der Parabel, die das beste Kleid herauszuholen und es dem Heimgekehrten anzuziehen haben, sind die Kirche; das Kleid, das sie herbeiholen und dem Sohn anziehen, ist das „im Blute des Lammes gewaschene" Kleid (Offb 7,14), das Standeskleid derer, die so, und freilich so erst „im Stande" sind, mit dem Vater zu Tisch zu sitzen und das Freudenfest mit ihm zu feiern. Und jeden Morgen ziehen sie es neu an gemäß der apostolischen Weisung: „Zieht Christus an!" (Röm 12,14), „Zieht den neuen Menschen an!" (Eph 4,24), „Zieht die Liebe an!" (Kol 3,14). Darum nennt der Urtext des Gleichnisses dieses Kleid nicht einfach „bestes" Kleid, sondern „erstes" Kleid (lateinisch: „stola prima"). Das ist Anspielung auf das Kleid des „Erstgeborenen von den Toten" (Kol 1,18) und der durch ihn wiedergeborenen Erstlinge der Schöpfung" (Jak 1,16). Für Kleid verwendet der Evangelist ein Wort, das im Neuen Testament sonst nur für das Kleid von Engeln und himmlisch Verklärten und für priesterliches Würdegewand gebraucht wird: stola.

Rasch muß nun alles gehen. Für die Freude des Vaters

gibt es keinen Aufschub, sowenig wie für das Umsichgreifen von Feuer und Licht. Das Heute Gottes beginnt, wo seine Liebe neu Einlaß bekommt, und damit auch die überbordende Freude Gottes. Mit all denen, die diese Freude teilen dürfen, hebt ein Fest an mit Musik, Tanz und Reigen und dem für den höchsten Festanlaß bereitgehaltenen Mastkalb. – „Rasch", sagt Jesus zu Zachäus im Blätterdach, als er den Hunger nach Heil in seinem Auge sieht – anders als die bloß neugierigen Leute möchte er sehen, „wer Jesus ist" –, „rasch, steig schnell herab, denn heute muß ich in deinem Hause bleiben." „Und er stieg rasch herab." Das Heute Gottes, das Freudenmahl mit ihm beginnt.

II

1. Gegenüber stehen sich in der Parabel vom barmherzigen Vater zwei Bereiche: der beim Vater, der fern vom Vater.

Wer beim Vater ist, dem gehört alles, was dem Vater gehört; für ihn heißt es: „Mein Kind, du bist immer bei mir, und alles Meine ist dein." Entsprechend ruft Paulus den Korinthern zu: „Alles ist euer, sei es Paulus, oder Apollos, oder Kephas, oder Welt, oder Leben, oder Tod, oder Gegenwart, oder Zukunft: alles ist euer. Ihr aber seid Christi, Christus aber ist Gottes" (1 Kor 3, 21–23).

In den Bereich fern vom Vater, in das ferne Land, drängt hinein, wer ohne den Vater sein Leben führen, gestalten und auskosten, wer ohne außerirdische Instanz Geschichte machen will.

Der den Vater verlassende jüngere Sohn beansprucht seinen *Anteil* – die Welt; sie steht ihm zu, in der Tat. Sie gehört zum Menschen von Natur aus, sie ermöglicht ihm das Dasein und die Entfaltung seiner Kräfte. Nun will er sie, die

Welt, jedoch ohne den Vater; sie gehört *zu* ihm, also meint er, sie gehört ihm, ausgeklammert aber soll fortan bleiben, daß er mitsamt der Welt dem Vater gehört. In den Eigengriff gedenkt er die Welt zu bekommen mit seiner Intelligenz und seinen natürlichen Energien: Welt, Leben, Tod, Gegenwart, Zukunft, alles. Alles ist ihm nun überlassen, aber er ist auch sich selbst überlassen, seinem Willen entsprechend. Mit welchem Resultat? Daß die Welt jetzt progressiv auch leer und leerer wird vom Vater, von Gott, und damit von dessen Weise, durch Liebe zu herrschen; an deren Stelle setzt sich die Gewaltsamkeit durch. Da der verlorene Sohn die Welt nicht länger als Geschenk versteht und als zum Verschenken bestimmt, bemächtigt er sich ihrer, um sie für sich zu verbrauchen und diesen Verbrauch fortschreitend zu steigern und zu verfeinern. Darum interesssiert ihn am Ende nur noch, wie alles funktioniert, wie die Dinge zusammengesetzt sind, was er mit ihnen machen und welchem Zweck er sie zuführen kann; ihr „Kern", ihr Verweis auf den Schöpfer, ihre Stelle in der Liturgie und Symphonie eines Schöpfungsganzen wird von ihm schließlich gar nicht mehr wahrgenommen, nicht mehr verkostet, der Geschmack daran erstirbt. Eine ausgeplünderte Natur sinkt am Ende zurück in den Zustand der „wüsten und leeren Erde (und Finsternis lagerte über dem Abgrund)" vor dem ersten Schöpferwort: „Es werde Licht!" Die Golgotafinsternis „über die ganze Erde von der sechsten bis zur neunten Stunde" nach der Kreuzigung des „Lichtes der Welt" signalisiert diese Endphase.

2. In der Ferne vom Vater geht es schließlich nur noch um Schoten, Schalen und Hülsen. Diese waren einmal dazu bestimmt, das Mark zu bergen, den Kern bis zur Reife zu

schützen und seine Köstlichkeit ahnen zu lassen, um dann weggeworfen zu werden; den Schweinen schmecken sie kernlos. Wahllos welche – sie fressen sie.

Verschlüsselt besagt das: während „ringsum Hungersnot herrscht in der Region" fern vom Vater, die gottgeschaffene Seele schließlich ein einziger Hunger ist, wird von einer gottabgewandten Menschheit nur noch unersättlich begehrt und verzehrt, was die Sinne reizt und befriedigt, wobei die Skala der Gier und des Anspruchs je nach Zahlungsfähigkeit, Macht und Milieu von der ästhetischen Sensation bis zur groben Lust reichen kann. Schließlich ist der Anteil vom Vater vertan, die Welt ausgeplündert, gratis gibt es nichts in diesem Land. Der Zwang zu funktionieren wird komplett. Die Worte bitte und danke sind abgeschafft, sie könnten noch an Angewiesenheit, an ein liebendes Du, also an Gott erinnern. Bestenfalls existieren sie weiter als Hülsen für Einforderung und für Quittung. Endstation dieser Entwicklung sind Hunger und Selbstbedienung. Der Verlorene begehrt, seinen Bauch zu füllen mit den Schoten, die die Schweine fressen, „und niemand gab sie ihm".

Er soll sie an sich reißen wie die Schweine, wenn er sich den Bauch füllen will. Da ist keine Hand mehr, die gibt, kein Du mehr, kein menschliches Gegenüber ... „Niemand gab sie ihm." In diesem kleinen Satz steckt die Peripetie in der Geschichte vom jüngeren der beiden verlorenen Söhne.

III

1. Der jüngere Sohn fordert den ihm zustehenden Anteil. Wer das ihm Zustehende will, hat gewählt, den Bereich fern vom Vater, er hat den Fuß in die Fremde gesetzt, wo Anspruch zählt aufgrund von Reichtum und Macht, von

Leistung und Geld; im Reich des Vaters zählt nur die Liebe. Der Vater gibt dem, der bei ihm ist, keine Anteile, sondern alles. „Gott ist zu gut, um abgegrenzte Teile zu machen" (Theresia vom Kinde Jesu). Gott gibt dem, der bei ihm ist, mit allem, mit dem Reiskorn oder dem Abendstern, immer das Ganze: sich, und damit alles.

„Vater, gib mir den Anteil, der mir zusteht." Behaltenswert ist in diesem Satz jedoch, daß der den Anteil Fordernde dabei ein letztes Mal ‚Vater' sagt, was ihn bis zuletzt auch als den Sohn dieses Vaters prägt – die Voraussetzung dafür, daß der Vater ihm über den Anteil hinaus mitgeben kann, was sich für den Weggehenden gleichsam auf dem Grund seines Gepäcks als letzte Reserve verbirgt, das Geschenk der Freigabe. Der Vater zwingt den Sohn nicht, zu Hause zu bleiben, er übt auf ihn weder einen physischen noch einen psychischen Druck aus. So bleibt ihm bis in seine letzte Verlorenheit hinein jener entscheidende Rest von Sohneswürde, der ihm die Heimkehr ermöglicht: die innere Freiheit der Wahl; die Freiheit des Sohnes ist Wahlfreiheit, sie ist so sehr Freiheit, daß sie es ihm auch ermöglichte, in die Fremde zu gehen, dem den Rücken zu kehren, der sie ihm schenkte.

Warum beansprucht der Sohn das ihm Zustehende? Da, wo er lebt, kann er doch über alles verfügen! Es fällt auf, daß er „alles zusammenpackt" – das wird eigens gesagt! Was liegt darin? Die geizige Sorge um Vieles und Vielerlei beginnt, der innere Zwang des Zusammenhaltens, das Auge geht unruhig hierhin und dorthin, vom Beanspruchten darf einem nichts entgehen. Das ist zugleich ein erster Anfang von Angst. Und das ist der vollendete Gegensatz zur Welt der Liebe, in der man nicht ängstlich besorgt ist um Vieles und Vielerlei, für die Liebe fügt sich alles ineins; wo sie das Sagen hat, bleibt alles in der Ordnung des Ganzen, sie ist der zwanglose Halt; erst wo man ihr den Rücken kehrt, beginnt die Haltlosigkeit, beginnt der Zwang.

Warum also drängt der jüngere Sohn in die Fremde? Er will dorthin, wo nur noch das Seine zählen wird, während im Hause des Vaters das Seine immer zugleich als das des Vaters zählte. Er will nicht immerzu wissen müssen: was ich bin und habe, kommt aus der Liebe, kommt vom Vater – obwohl zum Ganzen, das er im väterlichen Bereich besaß, auch die völlige Freiheit der Verfügung über das Ganze gehört. Aber er will auch dieses Verfügenkönnen nicht länger einem anderen verdanken, er will in schrankenlos eigener Vollmacht verfügen, einzig als Herr, er will herrlich sein wie der Vater. Eben darum bedeutet ihm der Anteil mehr als das Ganze. Man wird zu ihm aufschauen, statt daß er länger zum Vater aufschaut.

„Ihr werdet wie Gott sein", das ist die Urversuchung, sie bringt den Menschen dahin, Gott den Rücken zu kehren, weg von ihm in die Fremde zu gehen.

2. Der Vater ist darauf bedacht, die Freiheit des Sohnes nicht anzutasten. Seine Liebe, identisch mit Freiheit und Freigabe, bleibt sich treu. Nachdem der Sohn sich nicht halten ließ, da er in der Freiheit beim Vater und vom Vater als dem sie ihm schenkenden war, kann dieser nur eines noch tun: ihn freigeben in die Richtung, in die es ihn zieht. Kein Schatten von Zwang darf sich jetzt eindrängen, kein zorniges „du bleibst", kein Abschließen der Tür, die nach draußen führt. Wer als Gezwungener geht, kehrt schwerlich zurück; der Bereich, den er verließ, unterschiede sich dann ja nicht mehr von der Fremde, deren zunächst verborgenes und am Ende offenbar werdendes Wasserzeichen der Zwang ist.

Die Freigabe

Eine Menschheitsparabel (Lukas 15, 11–31)

<u>Die Freigabe ist die letzte Gabe, die der Vater dem scheidenden Sohn</u> noch geben kann, sie gilt dem Sohn in ihm – wenn er es als Scheidender nicht mehr ist, so wird er es als Wiederkehrender sein –. Sie ist der Abschiedskuß des Vaters, sie ist jene Gabe der Liebe, in der sich das Bild des Vaters als sein letztes Geschenk verbirgt, freilich ohne daß der Scheidende das jetzt erkennt – er hat ja nicht mehr den Vater im Auge, sondern den Bereich fern vom Vater, ohne Vater. Aber die Freigabe ist die Gabe, die nun mit ihm geht bis in seine äußerste Verlorenheit hinein, gleichsam auf dem untersten Grund seines Gepäcks, bis an den Punkt, wo sich alle anderen Gaben erschöpft haben und alles, worauf er Anspruch erhob, durchgebracht ist. Dann wird es sich zeigen, daß sie die einzige Gabe ist, die dem schließlich Ausgeleerten und der Fremde Ausgelieferten treu blieb: Das wird dann der Augenblick sein, wo sich seine Augen öffnen, wo er erkennt, wen und was er verließ, und damit sich selbst erkennt und seine Schuld. <u>In diesem Wiedererkennen aber wird offenbar werden, daß er auch als Verlorener nicht aufhörte, ein Kind des Vaters zu sein</u>, des Vaters, der „größer war als sein Herz" und alles wußte. Der Verlorene wählte ein Trugbild der Freiheit, die Fremde, aber indem der Vater selbst ihn in die Fremde freigab, ihm die Freiheit der Wahl ließ – Freiheit ist Wahlfreiheit –, bewahrte er ihn davor, ein Bürger der Fremde zu werden, Einheimischer eines Zwangsstaates, in den sich die ganze Welt außerhalb Gottes am Ende verwandelt. In dieser Fremde bleibt der verlorene Sohn dennoch ein Fremdling aufgrund der Freiheit, der Wahlfreiheit, die der Vater ihm als letzte Gabe mit auf den Weg gab.

Die Freiheit vom Vater her ist das Siegel der Sohnschaft auch in der Verlorenheit, das erst als allerletztes zerbrochen

V. In der Liebe – fern der Liebe

werden kann. Wer zur Sohnschaft erschaffen war, dem öffnet es schließlich die Augen, es bewahrt ihn davor, am Ende der Knechtschaft selbst (und damit der Fremde) sein Herz zu schenken, er läßt ihn den Weg in die Freiheit zurückfinden. Gezwungene kehren nicht zurück. Das muß jeder bedenken, der als Mensch für die Menschenwürde anderer Verantwortung hat.

IV

1. „Dort lebte er schwelgerisch und vergeudete so sein Vermögen." In diesem Satz ist vom Vermögen des Sohnes die Rede, der den Vater verließ. Es geht zur Neige, wie die Wasser einer Zisterne. Solange er beim Vater war, konnte er ausgeben, ohne daß es weniger wurde. Im Gegenteil: das Weitergeben von Empfangenem bedeutete, daß immer neue Quellen des Schenkens entstanden. Das Leben im Bereich des Vaters wird als ein ständig sich steigerndes erfahren, immer neue und größere Weiten tun sich auf. Sein Zeichen ist der Überschwang, seine Fruchtbarkeit ist von der Art, daß es allen, die es in seinen Bereich zieht, eine größere Fülle an Nahrung bereitstellt, als sie je auskosten können. „Sie strömen über von Broten" („abundant panibus"), so sagt der hungernde Sohn von den Tagelöhnern des Vaters.

Freiheit will Grenzenlosigkeit in allen Dimensionen, Weite, Tiefe, Höhe. Sucht sie der Sohn auch im Verlassen des Vaterhauses? – Er hätte nicht wegzugehen brauchen, um sie zu leben und immer neu zu finden. Aber er gedenkt sie jetzt nicht länger darin zu finden, daß er selbst liebend anderen dient (wie ein König dient), sondern darin, daß ihm selber gedient werde von unten her zu ihm hinauf. Dorthin, nach unten, ist sein Auge fortan gebannt. Aber nun wird mehr und mehr zum Herrn über ihn, was ihm dienen sollte. Sein Leben und dessen Überschwang hängen jetzt davon ab, daß die Geschöpfe ihm dienen, so hängt er also selbst ab von den Geschöpfen unter ihm, sie werden sein Götzenarsenal. Und wenn er nun auch Stück um Stück sein ganzes Vermögen daran wendet, daß ihm gedient werde: das, was unter ihm ist, kann ihm nur zu einem schwelgerischen, nicht zu einem überschwenglichen Leben verhelfen; nur zu einem Leben, das progressiv abnimmt, das er mit den vergänglichen Geschöpfen unter ihm teilt, nicht mit dem Vater, der über ihm ist; zu einem Leben, das schließlich nur noch die Sinne verkosten, das die Seele aber im Hunger läßt; zu einem Leben im Fleisch, nicht im Geist. In den Geschöpfen unter ihm findet die Seele des Menschen Nahrung nur, solange sie ihre Beziehung zum Schöpfer wahrnimmt und sie in Beziehung bringt zu dem, was über ihr ist. Denn sie lebt vom Aufblick wie das Auge vom Licht. Wenn der Mensch aufhört, „nach oben" zu schauen, findet sein Inneres zuletzt auch in den Geschöpfen nichts Nährendes mehr, nichts, was das Leben der Seele erhält. So erlischt dieses Leben nach und nach wie ein Licht ohne Öl. Und die Seele gerät in den Knechtsdienst der unersättlichen Sinne. Ruhelos, zwanghaft sucht sie, was diese suchen, einem witternden Tier gleich, das seinem Jäger dient.

„... und vergeudete so sein Vermögen." Sein „Vermögen", das sind, wie wir sahen, die Gaben, die Fähigkeiten und Kräfte, die ihrer Bestimmung nach den Sohn in den Stand setzen sollten, zu sein wie der Vater, ihm ähnlich, sein Bild. Verläßt der Sohn aber den Vater, sieht er vom Vater ab, reißt er die geschaffene Welt los aus dem Zusammenhang mit ihm, um sie in den Dienst der Eigenliebe zu stellen, so verliert er das Urbild, dessen Ebenbild er ja werden sollte, am Ende total aus dem Auge, er weiß dann nicht mehr, wie er aussah und aussehen sollte. Nun gehört es aber schlechthin zum <u>Wesen des Menschen</u> als dem Ebenbild Gottes, daß er sich schauend bildet; er <u>bildet sich nach dem, wohin er schaut</u>. <u>Wir werden, was wir schauen</u>. „Den Götzen ähnlich werden jene, die sich Götzen machen", sagt der Psalmist (Ps 115,8; 135,18). Zug um Zug tauscht der Mensch ohne Gott seine Ebenbildlichkeit mit dem Vater gegen die mit den Götzen ein. Die ganze herrliche Ausstattung seiner Natur opfert er dem Anspruch der Selbstherrlichkeit und der Sinne. Das immer Niedrigere prägt ihn. Von Stufe zu Stufe sinkt die Neigung dessen, der sich vom Höheren trennte, zum Banalen herab, bis er zuletzt nur noch „den Bauch zu füllen" begehrt. Diese Entwicklung schildert der Römerbrief mit folgenden Worten: „Die Herrlichkeit des unvergänglichen Gottes vertauschen sie mit dem Bild von vergänglichen Menschen, Vögeln und vierfüßigen Tieren. Darum überließ sie Gott den Gelüsten ihres Herzens, der Unreinigkeit ... Den wahren Gott haben sie mit Götzen vertauscht, die Geschöpfe verehren sie und huldigen ihnen anstatt dem Schöpfer, der gepriesen ist in Ewigkeit ..." (Röm 1,34 f.).

2. „Nachdem er aber alles vergeudet hatte, brach eine große Hungersnot über jene Gegend herein, und er begann zu darben." Die Anteile sind durchgebracht, Anspruch kann keiner mehr gemacht werden, damit beginnt der Hunger. Die Hungersnot erstreckt sich „über jene Gegend". Die Region fern vom Vater ist in ihrer ganzen Breite zuletzt die des Hungers. Menschenwürdige, Leib und Seele nährende Nahrung findet sich dort nur so lange, bis der Sohn sein

Eine Menschheitsparabel (Lukas 15, 11–31)

vom Vater herkommendes Vermögen aufgebraucht hat. Dann ist es aus mit allem, was noch an „Geschenk" und Herkunft „von oben" erinnert. Gegeben wird in der Fremde nicht und niemandem, denn hier zählt nur der Anspruch, hier wird lediglich gefordert und genommen. Und nehmen kann einer nur, solange er ein Tauschobjekt hat, einen Rest seiner Ähnlichkeit mit dem Ursprung, den er einhandelt für irgend etwas, was er „von unten" begehrt und bekommt, solange er noch über Fähigkeiten und Kräfte verfügt, mit denen er innerhalb eines Produktionsbetriebes funktioniert.

„Und er ging hin und hing sich an einen Bürger jenes Landes, und dieser schickte ihn auf seine Felder, die Schweine zu hüten." Bürger jenes Landes ist, wer in der Region der Ferne vom Vater endgültig angesiedelt ist und ihr Geschäft betreibt: dem „Fleisch" zu bieten, worauf es Anspruch erhebt, und dafür die Anteile vom Vater einzuhandeln. Dementsprechend werden auf den Feldern des „Bürgers" die Schweine gehütet, und dem, der auszog, um sich dienen zu lassen, bleibt am Ende nichts anderes übrig, als daß er in den Dienst dieses Unternehmens tritt, dessen Symbolik eindeutig ist. An den drei Stellen, wo Schweine in neutestamentlichen Erzählungen oder Gleichnissen vorkommen, haben sie alle die gleiche Bildbedeutung. Die Schweine, das sind die Sinne, die nicht mehr im Dienste der Seele stehen, sondern sich zum Tyrannen über sie aufgeworfen haben: wahllos verzehren sie alles, was sich ihnen bietet. „Der Hirte", der sie weidet und weiden läßt, ist der „Fürst dieser Welt". Wenn die Sinne des Menschen ihrem rechtmäßigen Herren nicht mehr dienen, verfallen sie der mörderischen Macht des „Vaters der Lüge" und mit ihnen die von ihrer Gier geknechtete Seele. Es gibt keine herren-

V. In der Liebe – fern der Liebe

lose Zone. Ein Gleichnis dieser Wahrheit gab Jesus, als er den von einem Besessenen ausgetriebenen Dämonen am See von Gerasa gestattete, in die Schweine zu fahren, worauf diese sich kopfüber ins Meer stürzten. Das Meer, das in den Untergang reißende Wasser, ist hier Bild der untergehenden und in ihren Untergang hineinreißenden Welt.

In einer konsequent gottfremden Welt werden zuletzt nur noch die Schweine gehütet, das heißt: alle Einrichtungen des Landes stehen schließlich einzig im Dienst rein diesseitiger sinnenhafter Bedürfnisse. Handel, Gewerbe und Kultur dienen dem „Fleisch", der „Augenlust", der „Sinnenlust" und der „Hoffart"; denn „alles, was in der Welt ist, ist Augenlust und Sinnenlust und Hoffart des Lebens. Dies ist nicht vom Vater, sondern von der Welt, die samt ihrer Lust vergeht" (1 Joh 2, 16 f.).

„Und er begehrte seinen Bauch zu füllen mit den Schoten, welche die Schweine fraßen ..." Die Schweine fressen die Schoten. Was die zügellos gewordenen Sinne schließlich nur noch erfassen und was ihr Begehren reizt, ist das Äußere, nicht das Innere; ist das Fleisch der Dinge, nicht ihre Wahrheit; ist, was den Bauch füllt, nicht, was die Seele nährt; ist die Sensation. Und wer ihrem Anspruch verfallen, wer „Fleisch" ist, dem schmeckt am Ende auch nurmehr diese Art Nahrung, jede andere Speise würgt ihn. Darum die Warnung Jesu, an seine Jünger gerichtet: „Werft eure Perlen nicht vor die Schweine ... damit sie nicht etwa mit ihren Füßen sie zertreten, sich umkehren und euch zerreißen ..." Die Sensationslust greift unersättlich nach allem, was eine sinnenhafte Seite hat, und um so gieriger, je glänzender diese ist, darum auch nach dem Heiligen. So geschieht es heute, wenn leere Neugier und geschäftiges Managertum sich mit Apparaturen und Objektiven in den

Bereich des Gebetes und selbst des Herrenmahles drängen. Aber in allem Heiligen ist für den Unheiligen ein unverdauliches Ferment, das ihm auf die Dauer Übelkeit macht, er erträgt es so wenig wie ein krankes Auge das Licht. Auch im äußeren Glanz des Heiligen ist noch das Heilige selbst, das wesenhafte Licht. Und die Finsternis haßt das Licht. Wer die Finsternis lieber hat als das Licht, wehrt sich gegen das Licht, wird aggressiv gegen das Licht, weil es die Finsternis aufdeckt, Gericht über sie ist. So wird die Gier derer, die sich auf die Perlen stürzten, weil sie glänzten, in Aggression umschlagen gegen jene, die die Warnung Jesu in den Wind schlugen und es versäumten, die Perlen vor dem Zugriff der Schweine zu schützen.

3. „Und niemand gab sie ihm." Der das ihm Zustehende verbraucht hat, erfährt nun, daß da niemand ist, der ihm das gibt, was er selbst jetzt den Schweinen gibt. Will er haben, was er für seinen Bauch begehrt, so soll er es an sich reißen, sich also den Schweinen gleichmachen, die dafür ihr gemästetes Fleisch zur Schlachtung bereithalten müssen. Zur Welt des Anspruchs gehören als letze Konsequenz die Selbstbedienung und ihre entsprechenden Läden: keine Hand mehr, die gibt.

Hier ist der Tiefpunkt in der Geschichte vom verlorenen Sohn erreicht – und der Wendepunkt. Sein Vermögen ist aufgebraucht, und damit scheint es, als ob nichts mehr vom Bild des Vaters in ihm lebe, nichts mehr kann er veräußern oder eintauschen für seinen Anspruch. Aber eines macht ihn auch auf dieser Stufe noch – oder vielmehr erst jetzt! – als den verlorenen Sohn des Vaters erkennbar: daß er erwartet, ihm werde gegeben für seinen Dienst, da er selber doch gibt, wenn auch einem Tier. Wenn da einer immer noch denkt, ihm müsse gegeben werden, so hat er bis zuletzt nicht begriffen, in welchem Land er lebt, so blieb er trotz allem in der Fremde ein Fremdling. Der Bann der Täuschung über das ferne Land, in den ihn die Versuchung zur Selbstherrlichkeit schlug, machte ihn blind. Jetzt erst, da seine Armut vollständig ist, da man ihm nicht einmal gibt, was man den Schweinen zugesteht, ist der Augenblick gekommen, wo der Bann von ihm weicht, wo sich die Ent-täuschung durchsetzt, wo er, der in der Fremde seine eigene Herrlichkeit zu finden gedachte, nichts hat als Hunger und Scham. Aber damit zugleich entdeckt er in sich jenen noch unveräußerten kostbaren Rest seiner Sohneswürde, der ihm trotz allem noch blieb – darum blieb, weil er nicht zu dem Anteil gehörte, der ihm zustand und deshalb in einer ihm selbst verborgenen Tiefe unveräußert für diese Stunde aufbewahrt bleiben konnte. Er entdeckt angesichts der Zumutung, sich in seinem Hunger den Schweinen gleichzumachen, mitten in einer Welt der Zwänge die Sohnesgabe der Freiheit, das Recht der Wahl, die Gabe, die die Liebe des Vaters ihm als letzte mit auf den Weg gab, indem sie ihn freigab. Diese Wiederentdeckung aber bedeutet, daß ihn ein Strahl des Lichtes aus dem Land seines Ursprungs getroffen hat, der wie ein Blitz alles in ihm und um ihn erhellt. Und in diesem Licht vollzieht sich die Wende, denn in ihm ist das Antlitz der Liebe, die er verließ, nicht aber sie ihn – und das Geheimnis ihrer rettenden Kraft.

Und so geschieht nun am äußersten Punkt der Verlorenheit, an der Grenze des Überschritts in den Bereich der Finsternis (der „Bürgerschaft" bedeuten würde) wie an einem neuen Scheideweg noch einmal eine Entscheidung. Er könnte jetzt dem Begehren des Bauches folgen und das Gesetz der Bemächtigung (Wasserzeichen der „Fremde") zu dem seinen machen, könnte an sich reißen, was die Sinne fordern; damit würde er die letzte Spur des Vaterbildes in sich veräußern und für immer nach draußen gehen, in den Bereich des Bemächtigers, selber Bemächtiger geworden. Die andere Möglichkeit ist die, daß er den umgekehrten Schritt tut – den, aus dem alle weiteren bis zur Seligkeit der vollendeten Heimkehr folgen –: daß er in sich geht, dorthin, wohin ihn ein tieferer Hunger ruft, der, den jenes Antlitz in ihm erweckte, das sich ihm in seiner äußersten Armut neu entschleiert, das Antlitz des Vaters, „von dem jede gute und vollkommene Gabe kommt und bei dem kein Wandel ist und kein Schatten der Veränderung" (Jak 1, 17).

„Da ging er in sich und sprach: Wie viele Tagelöhner meines Vaters haben Überfluß an Brot, ich aber komme hier im Hunger um. Ich will mich aufmachen und zu meinem Vater gehen und ihm sagen: Vater, ich habe gesündigt wider den Himmel und vor dir; ich bin nicht mehr wert, dein Sohn zu heißen, halte mich wie einen deiner Tagelöhner. Und er machte sich auf und ging zu seinem Vater..."

V

1. Über dem Verhalten des älteren Sohnes könnte das Wort stehen, das in der Parabel von den Arbeitern im Weinberg (Mt 20, 1–16) der Hausverwalter den Erstberufenen am Ende dieser Geschichte sagt: „Ist dein Auge böse, weil ich gut bin?" Überhaupt haben diese beiden Gleichnisse frappierende Ähnlichkeit in der Gedankenführung auf die gleiche Sinnspitze hin. Nicht zufällig sind sie beide an den gleichen Adressaten gerichtet, an jene Kreise im damaligen Israel, die sich darüber entrüsteten, daß Jesus sich mit Zöllnern und Sündern an einen Tisch setzte und daß er in erster

Linie für die Armen, auch für die moralisch Armen, dazusein sich nicht scheute. – Vergleichen wir die beiden Gleichnisse, so erkennen wir besser, was der zweite Teil der Geschichte von den verlorenen Söhnen über seinen damaligen Sitz im Leben hinaus den Bibellesern zu sagen hat.

„Ist dein Auge böse, weil ich gut bin?", so sagt der Hausvater in der Weinbergparabel zu einem von den Arbeitern, die bei der Auszahlung am Abend finsteren Blickes zusehen, wie Leute, die nur wenige Stunden oder auch nur eine einzige dieselbe Arbeit getan haben, den gleichen Ganztagelohn bekommen wie sie, einen Denar. Mit ihnen war dieser Betrag freilich vereinbart. Aber stand ihnen nicht mehr zu, wenn die anderen, die soviel weniger taten, auch den Denar bekamen?

Eine weitere Frage drängt sich dem Hörer dieser Geschichte auf: Warum beschwört der Arbeitgeber die Unzufriedenheit der Ganztagsarbeiter selber herauf, warum stößt er sie vor den Kopf, indem er die später und die viel später Gekommenen vor ihren Augen mit dem gleichen Betrag als erste auszahlt? Warum macht er sich selber Schwierigkeiten? Er könnte doch beispielsweise die ersten mit ihrem Lohn erst einmal nach Hause schicken und es einzig seine Sache sein lassen, wieviel er den Späteren gibt. Entsprechende Fragen gibt das Gleichnis von den verlorenen Söhnen in seinem zweiten Teil auf.

Die Weinbergarbeiterparabel nennt zwei Gründe; den ersten läßt sie den Hausvater selbst sagen: „... weil ich gut bin." Der Erzähler, Jesus, fügt den zweiten hinzu: „So sollen die Ersten die Letzten und die Letzten die Ersten sein; denn viele sind berufen, wenige aber auserwählt."

Der Hausvater handelt nicht nur gut, er ist gut. Güte ist der Grund seines Handelns gegenüber den Arbeitern sowohl der ersten als auch der letzten Stunde. Güte war es, daß er die Ersten zu Ersten erwählte: Er hoffte, daß das Freude für sie wäre – gleich am Morgen war ihnen die Sorge um Arbeit und Brot für den ganzen Tag genommen, die Traubenlese war ein begehrter Job, von den Erntefrüchten durfte man sich den Tag über nähren, und am Abend bekam man den Lohn. Über diese Freude hinaus will er den Leuten nun die Freude machen, daß sie sich mitfreuen mit ihren Menschenbrüdern, die einen Teil des Tages im ungewissen Warten, vielleicht hungernd, auf einem Arbeitsplatz verbringen mußten – heute wissen auch wir wieder, was ein Arbeitsplatz ist! – und nun am Ende doch noch einen ganzen Denar bekommen. Kann man sich darüber nicht mitfreuen?

Kurz nach dem letzten Krieg erzählte ich diese Geschichte westfälischen Kindern, die keine Weinberge kannten, in folgender Version: Ein Vater hatte einen großen Obsthof. Die begehrteste Apfelsorte wurde reif. Nun setzte er den Erntetag fest. Gleich in der Morgenfrühe durften die beiden Ältesten mit Körben in die Bäume. „Wenn ihr fleißig seid, bekommt ihr heute abend einen Taler", so wird ihnen versprochen. Nach Schulschluß und Mittagbrot kommen die Jüngeren dran. Einige müssen erst ihre Schulaufgaben machen. Vor Sonnenuntergang erscheint die Mutter mit dem Zweijährigen auf dem Arm: auch das Jüngste darf ein paar Früchte von herabhängenden Zweigen pflücken. Dann sagt der Vater zu allen: „Bringt eure Spardosen her!" Zuerst darf das Kleinste sie hinhalten, dann nacheinander treppauf die Größeren. Zu aller Überraschung bekommt jedes einen Taler ...

„Warum fing der Vater mit den Talern nicht bei den Größten an?" war meine Frage. Die Antwort der Kinder:

V. In der Liebe – fern der Liebe

„Sie sollten erst mal Spaß haben, daß die Kleineren auch einen Taler kriegten." Ich wandte ein: „Aber die Älteren haben doch viel mehr gearbeitet, hätten sie dann nicht auch mehr Geld bekommen müssen?" Antwort: „Äpfel pflücken ist doch schön, da braucht man eigentlich überhaupt keinen Taler."

Die überraschend richtige Antwort der Kinder (aus meist kinderreichen Familien) enthielt die Gegenposition zum Verhalten der erstberufenen Arbeiter im Weinberggleichnis: Sie sahen einander noch unbefangen als Familie, wo eins sich mit dem anderen freut.

Wann und warum sieht man sich für gewöhnlich nicht mehr so? Wenn man den gemeinsamen Vater aus dem Auge gelassen hat. – Wie kam und wie kommt es dazu? Die erstberufenen Arbeiter im Gleichnis empfinden ihre Lage gewiß zunächst als absolut positiv. Mit ihrem Arbeitsplatz in der Traubenlese gleich früh am Morgen sind sie die Erwählten. Dankbarer Aufblick zum Hausvater war das Selbstverständliche. – Aber dann kommen die später Gedungenen: auf sie geht der Blick der Erstberufenen nun wie auf eine fremde Gruppe allmählich herab: die leisten weniger, sind weniger, verdienen weniger ... wir tun mehr, sind mehr, verdienen mehr. Das bedeutet: Der gütige Hausvater wird aus dem Auge gelassen, seine Güte nicht mehr wahrgenommen. Es wächst mit dem Tag nicht länger der Dank, sondern der Anspruch. Solange dieser nicht aufkam, war die Arbeit der Weinlese Erfüllung und Freude; der Anspruchslose ist immer an der Quelle der Freude, er erfährt sich als beschenkt, und sein eigenes Tun in der Bewegtheit des Dankens ist Schenken, er gibt sich selbst mit seiner Freude in dieses Tun hinein. Nun aber, mit dem Anspruch und seinem Größerwerden, nimmt die Freude ab, am Abend ist der ganze Tag nur „Last und Hitze" gewesen: damit haben die Ersten sich selber genommen, was sie hatten: den zunächst als Freude erfahrenen Vorzug, Erste und damit Erwählte zu sein; was Vorzug war, wird als Nachteil gesehen. Von dem Augenblick an, da das Auge vom Hausvater absieht und nach unten zu schauen beginnt, wirft es auf alles einen Schatten; denn unten ist kein Licht. Darum ist in der Rückschau der Tag nur Plage gewesen. Das ist die Anullierung der Erwähltheit durch die Erwählten selbst. Was noch ein Zuwachs an Freude für die Ersten hätte bedeuten können (daß sie den ganzen Tag über im Weinberg des Hausvaters sein und dann am Ende auch teilnehmen konnten an der unverdienten Freude ihrer Gefährten), wird nun zum Gericht über sie. „Denen, die nicht haben" – die rechte Beziehung zum Hausvater und zum Menschenbruder nicht –, „wird genommen, was sie haben", der Vorzug, Erste zu sein; sie nehmen ihn sich selbst, indem sie, was Vorzug war, dem Hausvater zum Vorwurf machen. Ihr Auge wird „böses Auge" von ihm genannt, denn es kann und will nicht mehr aufschauen zu ihm, der gut ist. Es schaut böse, weil der Hausvater gut ist; in dieser Verfassung ist es böse.

2. Einen ähnlichen Verlauf wie diese Geschichte nimmt nun die des älteren von den beiden verlorenen Söhnen. Der ältere soll teilnehmen an der Freude, die größer ist als sein Herz, die sich vor seinen Augen dem letzten schenkt, dem verlorenen und heimgekehrten Bruder.

Man könnte auch hier fragen: Warum stößt der Vater den älteren Sohn vor den Kopf, warum wartet er nicht etwa mit dem Schlachten des Mastkalbs, bis dieser ältere heimgekehrt und in den Grund der Freude eingeweiht ist? Warum bereitet er sich selber auf solche Weise nur neuen Kummer? Die Antwort: weil er gut ist, weil er liebt und weil darum die aus solcher Liebe kommende Freude über die Heimkehr des verlorenen überschwenglich, überströmend ist und einfach keinen Aufschub duldet. Der Vater kann mit ihrer Verwirklichung nicht warten, sowenig wie mit dem Kuß, bis der ältere Sohn über die Felder seines weiten Reiches herbeigekommen ist. Welcher Jubel im Herzen des Vaters (und welche Sehnsucht vorher in ihm!), wenn er dem heimgekehrten jüngeren, dem verlorenen, um den Hals fällt, wenn er ruft: „Rasch, holt ihm das beste Kleid heraus und zieht es ihm an, gebt ihm einen Ring an den Finger und Sandalen an seine Füße, bringt das Mastkalb herbei und schlachtet es, wir müssen ein Freudenfest feiern!" – Was den älteren Sohn betrifft: so muß der Vater davon ausgehen, daß dieser sich einfach mitfreut, wenn er kommt, es ist doch sein *Bruder,* der heimgekehrt ist, und für ihn, der beim Vater blieb, gilt doch: „*alles,* was mein ist, ist dein!", also auch die *Freude* des Vaters, sie würde ja auf ihn übergreifen, wenn er den Bruder noch als Bruder liebte, wie der Vater ihn als Sohn liebt. Daß der ältere Sohn vor dieser Erwartung des Vaters versagt, überführt ihn, daß auch er längst ein verlorener Sohn ist, wie der jüngere es war. Er schließt sich nun selbst von der Freude des Vaters wie der des jüngeren Bruders aus: „Er aber war zornig und wollte nicht hineingehen", er bleibt im Dunkeln draußen, er distanziert sich vom Vater, dem er nicht mehr das Vaterwort gibt, ebenso wie vom Bruder, dessen Versagen er einzig im Auge behält. Er will und begreift nur eine Freude, die so engbrüstig ist wie er selbst, die in sein Herz eingehen soll, nicht er in sie. Ähnlich wie die Erstarbeiter im Weinberggleichnis taucht sein verfinstertes Auge alles frühere Verweilen beim Vater in Finsternis; im Rückblick ist da nur noch die Schufterei durch so viele Jahre ... „und du hast mir noch nie ein Böcklein geschlachtet, daß ich mit meinen Freunden ein Mahl hätte halten können". Auch hier wird, was Vorzug war – Erstgeburt und immerwährendes Weilen beim Vater – zum Vorwurf gegen ihn. (Vision von Hölle: wer da hineinkäme – weil er lieber draußen bliebe, als eine Freude teilen zu müssen, wie sie die des Vaters in dieser Geschichte ist –, für den wäre in der Rückschau *alles* Hölle gewesen.)

„Denn viele sind berufen, wenige aber auserwählt." Wer ist auserwählt? Wer in Gottes Reich und in Gottes Freude hineingerufen, im Aufblick und im Wiederaufschauendürfen zu seinem und des Bruders Vater lebt und bleibt, sein Angesicht suchend. Wer von seiner Liebe zu lernen bereit ist, wenn es gilt, mehr und mehr abzusehen von sich selbst, wer begreift, daß das Reich Gottes ungeschuldete grenzenlose Liebe ist.

3. Beide Brüder im Gleichnis befinden sich am Tiefpunkt ihrer Geschichte im Elend der Isolierung und der Freudlosigkeit, sie ließen den Vater und sie ließen einander aus dem Auge, das war ihr Unglück. (Auf das Auge kommt es an. „Ist dein Auge gesund, so ist der ganze Leib im Licht" [Mt 6,22].) Der eine hat seinen Tiefpunkt bei den Schweinen, in einem Bereich, wo keiner mehr „gibt"; der andere im Dunkel draußen vor dem Festsaal und vor einem Freudenmahl, dessen Freude er nicht teilen mag. – Zu beiden Söhnen aber geht der Vater hinaus, er will beide an seinem Tisch, und die vollkommene Freude kann nicht eher beginnen, als bis sie beide zum Vater und zueinander gefunden haben. Beide können nicht ohne den Vater und nicht ohne einander sein. Die Verlorenheit des älteren ist in diesem Gleichnis wohl die tiefere. Ob der jüngere aber wirklich

heimgefunden hat, wird sich erst darin erweisen müssen, daß er sich nun dem Vater gleich nach dem älteren sehnt, daß auch er zu ihm hinausgeht, um ihn mit der Demut dessen, der selbst völlig unverdient wieder in das gemeinsame Erbe aufgenommen wurde, inständig zu bitten, doch auch hereinzukommen, da ohne ihn das Fest keine ungetrübte Freude sein könne. Solange der Bruder noch ohne den Bruder ist, gilt für beide: ich bin nur ein halber Mensch. In Ergänzung, nicht in Entzweiung liegt unser Heil.

Der ältere Bruder im Bunde Gottes ist Israel, der jüngere die Heidenvölker, die das Evangelium annehmen –, so deuten Kirchenväter das Gleichnis. Wie hat sich, geschichtlich gesehen, der jüngere gegenüber dem älteren verhalten? Er hat sich schlimmer über ihn erhoben als der ältere über den jüngeren, er hat ihn „zu Kehricht und Auswurf gemacht inmitten der Völker" (Klgl 3, 45). – Wann wird es zur Wiedervereinigung beider am Tisch des Vaters kommen?